Como ser
um grande líder
e influenciar pessoas

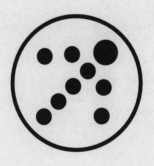

DALE CARNEGIE

Como ser
um grande líder
e influenciar pessoas

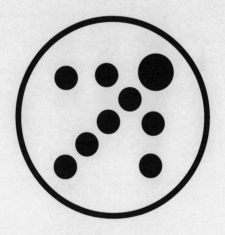

Tradução de
Patrícia Arnaud

8ª edição

Rio de Janeiro | 2024

CIP-BRASIL. CATALOGAÇÃO NA PUBLICAÇÃO
SINDICATO NACIONAL DOS EDITORES DE LIVROS, RJ

C287c
8. ed.
Carnegie, Dale, 1888-1955
Como ser um grande líder e influenciar pessoas / Dale Carnegie; tradução: Patrícia Arnaud. - 8. ed. - Rio de Janeiro : BestSeller, 2024.
il.

Tradução de: Enhance your life by becoming an effective leader
Apêndice
ISBN 978-85-7684-597-3
1. Liderança. 2. Desenvolvimento profissional. I. Título.

14-10415.
CDD: 658.4092
CDU: 005.322:316.46

Texto revisado segundo o novo Acordo Ortográfico da Língua Portuguesa.

Título original
ENHANCE YOUR LIFE BY BECOMING AN EFFECTIVE LEADER
Copyright © Dale Carnegie Associates
Copyright da tradução © 2014 by Editora Best Seller Ltda.

Publicado mediante acordo com JMW Group Inc.,
Larchmont, New York.

Capa: Sergio Carvalho
Editoração eletrônica: Ilustrarte Design

Todos os direitos reservados. Proibida a reprodução,
no todo ou em parte, sem autorização prévia por escrito da editora,
sejam quais forem os meios empregados.

Direitos exclusivos de publicação em língua portuguesa para o Brasil
adquiridos pela
EDITORA BEST SELLER LTDA.
Rua Argentina, 171, parte, São Cristóvão
Rio de Janeiro, RJ — 20921-380
que se reserva a propriedade literária desta tradução

Impresso no Brasil

ISBN 978-85-7684-597-3

Seja um leitor preferencial Record.
Cadastre-se em www.record.com.br e receba
informações sobre nossos lançamentos e nossas promoções.

Atendimento e venda direta ao leitor
sac@record.com.br

SUMÁRIO

PREFÁCIO 7

CAPÍTULO 1 Não dê ordens, lidere 13
CAPÍTULO 2 Estilos de liderança 31
CAPÍTULO 3 Motivando a equipe 53
CAPÍTULO 4 Contratando funcionários 87
CAPÍTULO 5 Melhorando o desempenho 113
CAPÍTULO 6 Seja um *coach* 139
CAPÍTULO 7 Delegando sem medo 163
CAPÍTULO 8 Incentivando a inovação e a criatividade 179
CAPÍTULO 9 Lidando com problemas de liderança 199

APÊNDICE A Sobre Dale Carnegie 213
Sobre a Dale Carnegie & Associates, Inc. 215
Sobre o editor 217
APÊNDICE B Os princípios de Dale Carnegie 219

PREFÁCIO

Os gerentes bem-sucedidos estão mais preocupados em atingir os objetivos estabelecidos ou em liderar as pessoas que eles supervisionam? Os gerentes eficazes sabem que, para se alcançar tais objetivos, devem ser verdadeiros líderes, ou seja, precisam orientar, motivar, treinar e cuidar dos funcionários. O equilíbrio entre as habilidades de liderança e de gerenciamento deve ser o foco de todos aqueles que aspiram ao sucesso no emprego.

É importante examinar o equilíbrio entre o que estamos fazendo e o que estamos levando os outros a fazer. Como podemos identificar e alavancar o nosso estilo de liderança para fazermos o melhor possível, de modo a obtermos os resultados mais profícuos para nós mesmos e para a organização?

A maneira como vemos os outros e as suposições que fazemos sobre as pessoas e sobre o mundo à nossa volta moldam a nossa realidade e o ambiente em que trabalhamos. Neste livro, examinamos as lições que aprendemos sobre liderança e as convicções que formamos como resultado dessas experiências.

A mudança de papel do gerente/líder

O mundo está mudando rapidamente e exige que aqueles que estão nas posições de liderança e de gerenciamento assumam mudanças de papel e de responsabilidades o tempo todo. Não importa o local — seja na Europa, na África, nas Américas ou às margens do Pacífico —, a concorrência exige constantemente que se encontrem as melhores, as mais eficientes, as mais produtivas e as mais rentáveis maneiras de produzir produtos e de prestar serviços. Essas demandas não estão limitadas à concorrência. As expectativas do nosso pessoal, dos clientes internos e externos, dos fornecedores, dos distribuidores e dos sócios no negócio estão em constante crescimento. Para que permaneçamos competitivos neste mundo em rápida mudança dos dias de hoje, temos que liderar e gerenciar nossas organizações através do século XXI.

Crie e compartilhe uma visão

Devemos ser criativos, criar uma visão compartilhada e nos comunicarmos de forma eficaz com nossos funcionários. Devemos incentivar para que o nosso pessoal saia da redoma criada pelas descrições do cargo e por uma abordagem minimalista do mundo, para que nossas empresas cresçam e prosperem na realidade de hoje. É fundamental que contratemos e cultivemos pessoas capazes de nos ajudar a mover nossas organizações para o próximo nível. Não podemos fazer isso por conta própria, nem o nosso pessoal pode nos ajudar nessa tarefa, se primeiro não identificarmos os nossos objetivos e estabelecermos e comunicarmos uma visão clara aos nossos colaboradores.

Uma vez criada uma visão compartilhada, e após esta ser disseminada por toda a organização, o comportamento capacitado resultante nos alavanca para o nível seguinte. As pessoas deixam de visualizar seus papéis como orientados para tarefas e, pelo contrário, passam a focar nos resultados. Ver com clareza o êxito proveniente dos resultados inspira a nós e os nossos funcionários a assumir riscos e responsabilidades. A liderança começa a encontrar o seu próprio nível na organização. Os resultados claramente focados permitem que as pessoas se tornem mais autogerenciadas e lidem com recursos sem o auxílio da hierarquia superior. O comportamento capacitado é conduzido por uma visão compartilhada, mas nada disso é possível se a visão não for comunicada de forma clara para toda a organização. A comunicação eficaz é a habilidade fundamental na construção de equipes eficazes, uma vez que cria um senso unificado de finalidade e move a organização para o patamar seguinte.

O equilíbrio entre pessoas e processo

Quando solicitados a identificar a característica pessoal mais importante necessária para gerenciar, a maioria dos altos executivos diz: "A capacidade de trabalhar com pessoas." Os líderes reconhecem a importância da produção, distribuição, engenharia, vendas, pesquisa e desenvolvimento, e eles têm sistemas de gestão em vigor para organizar, direcionar e controlar as atividades em cada área. No entanto, são as pessoas que executam as decisões do executivo. A maior despesa única operacional em qualquer orçamento é a despesa com pessoas. O planejamento, seja funcional ou estratégico, é realizado e desenvolvido em torno de pessoas. O ativo mais valioso que uma organização possui são as pessoas. Na verdade, a maioria dos executivos passa aproximadamente três quartos do dia de trabalho lidando com pessoas. Isso significa que criamos o sistema de gestão por meio do qual a organização funciona e demonstramos, de forma contínua, a liderança que possibilita a esse sistema atingir seus objetivos.

Uma das principais razões da promoção de pessoas para as posições de gerenciamento e liderança é a eficácia com que elas realizaram seu trabalho. Agora, como gerente, a função é fazer com que os outros sejam capazes de realizar as tarefas tão bem quanto ou melhor do que nós. Ambos os casos demandam um conjunto de habilidades totalmente diferentes. O sucesso depende da transição do fazer para o liderar, de forma a alavancar as nossas habilidades e o nosso tempo.

Para ser eficaz como gerente, devemos equilibrar pessoas e processo. Estar focado demais nas pessoas significa que, se uma pessoa-chave parte, tudo para. Estar focado demais no processo significa que grandes sistemas estão em vigor, porém ninguém os entende ou quer trabalhar dentro deles. O foco no processo quer dizer: "Aqui está o plano e aqui está como fazemos as coisas." O foco nas pessoas quer dizer: "Vamos discutir o plano e por que fazemos as coisas." Com o equilíbrio certo, tanto a produtividade quanto o compromisso permanecem em seus mais altos níveis.

O equilíbrio entre motivação e responsabilidade

Sem motivação nada é feito, mas logo que tentamos fazer as pessoas assumirem responsabilidades elas ficam desmotivadas, certo? Não necessariamente! Há ferramentas para fazer com que as pessoas sejam responsáveis por suas metas, seus objetivos e compromissos e, ao mesmo tempo, permaneçam motivadas. Com esse equilíbrio, maior é o controle que temos sobre os nossos resultados e os de nossa equipe.

Hoje, mais do que nunca, a função do gerente é desenvolver pessoas. Quando podemos criar um ambiente em que as pessoas obtêm resultados, desenvolvem novas habilidades e se tornam bem-sucedidas, nós estamos cumprindo nossa maior vocação no gerenciamento e liderança de pessoas. Comunicar com energia e sensibilidade, ser um *coach* e desenvolver pessoas são funções da mais alta prioridade para o líder.

Lidando com o conflito e a negatividade

Independentemente do que fizermos, sempre haverá desafios com pessoas negativas e com gerenciamento de desempenho. Os nossos resultados, e os resultados da nossa equipe, dependem da forma como são tratadas essas situações. É preciso agir com justiça, consistência e vigor nos lugares certos, na hora certa e da maneira certa. Sem isso, o moral de todos pode baixar, afetando a produtividade, a fidelidade do cliente e a lealdade do empregado — fatores obrigatórios na força de trabalho altamente competitiva de hoje.

Neste livro, vamos abordar esses e outros problemas que os líderes enfrentam. Além disso, vamos fornecer abordagens que possibilitarão que você e seus funcionários melhorem a produtividade e, ao mesmo tempo, desenvolvam habilidades, atitudes e capacidades que vão ajudá-los a ascender no emprego.

Para aproveitar ao máximo este livro, primeiro o leia na íntegra, para absorver o conceito geral de como lidar com nossas funções como líderes. Em seguida, releia cada um dos capítulos e comece a aplicar as instruções para alcançar cada uma das áreas abordadas.

Arthur R. Pell, Ph.D.
Editor

CAPÍTULO 1

Não dê ordens, lidere

Peter Drucker, um dos maiores pensadores de gestão e escritores, registrou: "Grande parte do que chamamos de gestão consiste em fazer com que as pessoas tenham dificuldade de conseguir realizar seu trabalho."

O que os gerentes fazem a ponto de instigar Drucker a escrever isso? Muitas pessoas nas posições de gerência e supervisão lidam com os funcionários como se eles fossem autômatos, ou seja, esperam que eles sigam os procedimentos de forma exata e sem o uso de iniciativa própria, de criatividade, nem de capacidade intelectual ao trabalhar. Eles têm tanta preocupação com regras, regulamentações, procedimentos e rotinas que desconsideram o potencial que cada ser humano que trabalha sob sua supervisão possa ter.

Os gerentes que de fato lideram seu pessoal, em vez de dirigir o trabalho deles, não só obtêm melhores resultados para suas organizações, como desenvolvem equipes formadas por pessoas que estão empenhadas em trabalhar rumo ao sucesso em cada um dos aspectos profissionais e pessoais.

Você sabe qual é a característica mais importante que o líder deve ter? Não é a capacidade executiva, nem uma grande perspicácia, nem a simpatia, nem a coragem, nem o senso de humor, embora cada uma dessas seja de extrema importância. Trata-se da capacidade de fazer amigos, que, em resumo, significa a capacidade de ver o melhor nos outros.

DALE CARNEGIE

Os líderes a serviço

O verdadeiro líder serve seu pessoal, e não o contrário. A figura geométrica típica associada à maioria das organizações é o triângulo. No topo está o chefe, que dá ordens para a média gerência, que dá ordens para os supervisores, que, por sua vez, dão ordens para os funcionários. Na parte inferior estão os clientes que esperamos satisfazer por meio do que fornecemos.

O propósito de cada camada é servir a camada acima. Na abordagem tradicional, os funcionários servem os supervisores, os supervisores servem os gerentes, e todos, por fim, servem o grande chefe. O cliente, abaixo, na parte inferior, é praticamente ignorado. O triângulo deve ser invertido. O gerenciamento de nível superior deve servir os gerentes de nível médio, que, por sua vez, servem os supervisores de primeira linha, que estão lá para servir os funcionários, e todos servem o cliente.

Os líderes servem os subordinados

O empresário hoteleiro J. Willard Marriott resumiu isso de forma sucinta: "Minha função é motivar as pessoas da minha equipe, ensiná-las, ajudá-las e me preocupar com elas." Observe este último item: "me *preocupar* com elas." Os bons líderes realmente se preocupam com seu pessoal. Eles aprendem o máximo que podem sobre seus pontos fortes e suas limitações, sobre o que gostam e não gostam, sobre a forma como agem e reagem. Eles reservam um tempo para trabalhar com a equipe, para dar a ela os recursos, as ferramentas e o *know-how* para o desempenho eficaz das funções. Eles não ficam mais atrás dos funcionários em busca de detalhes e exigindo pingos nos is.

Quando são feitas enquetes para saber o que as pessoas querem de um patrão, quase sempre o primeiro item é *um patrão que esteja disponível para mim*. Esse é um patrão para quem uma pessoa pode vir com uma questão e não ter medo de ser visto como estúpido, um patrão com quem um subordinado pode contar para obter informações, treinamento e sugestões, em vez de um que faz exigências, dá ordens e comanda. Esse é um patrão que ajuda a desenvolver o potencial das pessoas, e não apenas as usa meramente como um meio de ter o trabalho realizado.

Capacite os funcionários

Os verdadeiros líderes "capacitam" seu pessoal. A palavra *capacitar* tornou-se um termo da moda em gestão nos dias de hoje, mas os modismos expressam com frequência um conceito aceito em determinado momento. Tal palavra, em inglês "*empower*", deriva de um termo legal que significa transferência de determinados direitos legais de uma pessoa para outra. No jargão da área de gestão de hoje, no entanto, é usado em um sentido mais amplo, ou seja, compartilhar um pouco da autoridade e do controle que um gerente tem sobre as pessoas que ele gerencia. Em vez de o gerente tomar cada uma das decisões em relação à forma como um trabalho deve ser feito, as pessoas que vão executar o trabalho participam em conjunto dessas decisões. Quando elas têm algo a dizer sobre essas determinações, tanto a gerência obtém informações mais variadas em relação à forma como um trabalho pode ser feito quanto os funcionários, ao participarem, se tornam mais comprometidos com o sucesso do próprio trabalho.

Gerenciar *vs* Liderar

O ato de gerenciar enfatiza que as pessoas sigam ordens, muitas vezes inquestionáveis. "Esta é a maneira como deve ser feito." O ato de liderar estimula a criatividade nas pessoas ao solicitar ideias, tanto de modo informal no contato diário quanto formal em reuniões, programas de sugestões e atividades similares. Gerenciar é dizer às pessoas o que será de responsabilidade delas. Liderar é capacitar as pessoas, dando-lhes as ferramentas para que tomem as próprias decisões, desde que sigam as orientações aceitáveis para todas as partes envolvidas.

O gerenciar refere-se mais à maneira como as políticas são seguidas, com a explicação das regras e das políticas e a exigência de cumprimento delas. O liderar motiva as pessoas e as ensina como realizar o trabalho. Se não funcionar como o esperado, são empregados esforços para melhorar o desempenho através de um treinamento mais aprofundado. Ajudar as pessoas a aprender é a peça-chave para obter um desempenho de qualidade.

O gerenciamento concentra esforços em *fazer as coisas de forma certa*. A liderança enfatiza *fazer as coisas certas*. Há momentos em que é necessário gerenciar, como quando, por questões legais ou semelhantes, é essencial que as coisas sejam feitas de acordo com as normas. É claro que as pessoas em cargos gerenciais devem assegurar que as coisas sejam feitas da forma certa. Mas esta não é a principal função. Fazer cumprir regras pode ser necessário em tais circunstâncias, porém mais importante do que isso é treinar e motivar as pessoas para que sejam competentes e ávidas por dar o máximo de si, a fim de cumprir os objetivos do departamento e da empresa. Conseguir isso é, em síntese, a verdadeira liderança.

Chefe bom, chefe ruim

Harry era o tipo de chefe que gostava de ser popular. Ele achava que era um bom chefe porque todos no departamento gostavam dele. Harry não queria prejudicar essa popularidade e, por isso, hesitava em aplicar medidas contra pequenas infrações às regras ou em corrigir pequenos erros no trabalho. Quando precisava aplicar uma advertência, ele protelava por tanto tempo que o motivo normalmente caía no esquecimento. No entanto, o elogio era tão comum que perdeu a importância.

Teresa era difícil. Acreditava que era preciso estalar o chicote para que o trabalho fosse realizado. Ela era brusca, dogmática, e sua expressão favorita era: "Eu sou a chefe. Você é pago para trabalhar e, então, é melhor você trabalhar." Ela quase nunca elogiava as pessoas do departamento e frequentemente berrava com elas na frente de todos.

Tanto Harry quanto Teresa tinham sérios problemas porque nenhum desses extremos pode realmente funcionar. Vamos examinar o que acontecia em cada uma dessas áreas.

O chefe fácil de lidar

Quando um gerente não controla o departamento, o trabalho será afetado. O cronograma de produção não será cumprido, a qualidade será prejudicada, as pessoas vão tirar vantagem desse excesso de tolerância e de ociosidade, os atrasos e as atitudes em geral vão se agravar. O pessoal de Harry se sente sem liderança e passa por cima dele.

Por que um gerente se torna excessivamente tolerante e fácil de lidar a ponto de fazer com que o departamento sofra as consequências? Muitas vezes, isso pode ser identificado como um sentimento de insegurança da própria capacidade. As pessoas inseguras sentem necessidade de aprovação por parte dos outros para reforçar o próprio ego. Essas pessoas querem ser populares, querem fazer "parte do time". Acreditam que a grande tolerância com os subordinados vai gerar a aprovação do empregado.

Assim que o chefe de Harry descobre que o departamento está ficando para trás, Harry é responsabilizado. Agora, fica nervoso e sabe que tem de reverter isso depressa. Uma reação natural é mudar de comportamento de maneira abrupta. Ele começa a ficar duro e exigente. Vai com tudo para cima do seu pessoal, muitas vezes berrando e gritando. Começa a repreender as pessoas a cada pequena violação e as pune por questões que tinha ignorado na semana anterior. Isso causa ressentimento e incerteza entre os funcionários. O trabalho pode melhorar por um tempo, mas, como a natureza da personalidade de Harry é exatamente o oposto dessas ações, depois que as coisas se endireitam ele vai retornar ao seu antigo eu.

Mudanças frequentes no estilo de gestão são mais desmoralizantes do que aderir a um estilo, seja bom ou ruim. Os funcionários não podem prever a forma como os seus superiores vão se comportar. Essa incerteza conduz a um moral baixo e a uma alta rotatividade.

O motivo de Harry ter a atitude de uma pessoa que é fácil de lidar decorre de seu próprio sentimento de insegurança. Ele precisa construir a autoconfiança. Uma maneira de conseguir isso é tornar-se um especialista no trabalho que faz. Quando uma pessoa tem um conhecimento aprofundado sobre o trabalho, há um sentimento de segurança que conduz à autoconfiança em todas as questões relativas ao trabalho. Ele também deve estudar mais sobre relações humanas e aplicar em seu trabalho o que aprendeu.

O supervisor insensível

Teresa tem um problema semelhante. Embora seu estilo seja bastante diferente do de Harry, os resultados são exatamente os mesmos. Ela provoca ressentimento entre os funcionários, e, consciente ou inconscientemente, eles se recusam a cooperar. Produção inferior, rotatividade mais alta, aumento de faltas ao trabalho, inúmeras queixas e em geral moral baixo são evidências habituais dessa falta de cooperação.

A causa da abordagem dura, assim como a da abordagem excessivamente tolerante, é a insegurança. Entretanto, a atitude baseada no "desejo de agradar" é substituída por uma maneira brusca e um verniz autoritário. A mudança é mais difícil para os líderes duros, provavelmente por terem um sentimento obstinado de que a sua é a única maneira. A obstinação é parte integrante de seu padrão de comportamento.

Como no outro caso, aqui a solução também requer um bom conhecimento de relações humanas. O supervisor deve aprender a elogiar com mais frequência e saber como administrar advertências eficazes sem provocar ressentimento e rancor. Teresa deve aprender a atenuar a postura de seu modo de agir e a baixar o tom do seu discurso para evitar discussões e para trabalhar de forma mais amigável com os colegas de trabalho e com a equipe de funcionários.

O melhor supervisor

O estilo de supervisão mais eficaz está entre esses dois extremos. Baseia-se na compreensão do comportamento humano e na aplicação deste conhecimento no trabalho com as pessoas sob seu comando. Um supervisor que aplica esse estilo faz elogios ao bom trabalho, mas não usa desse artifício de forma leviana. Harry exagerava nos elogios a ponto de nenhum de seus funcionários sentir que seu trabalho particularmente bom era valorizado de verdade. Teresa nunca elogiava as pessoas e, por isso, elas achavam que não havia razão para fazerem um trabalho particularmente bom.

A advertência, quando necessária, deve ser aplicada de modo privado e de maneira calma. Nunca levante a voz e sempre dê ao empregado a oportunidade de contar o seu lado da história. Ouça com atenção e não interrompa. Faça críticas construtivas e seja o mais específico possível.

Não repreenda quando estiver de mau humor ou com raiva. Não utilize subterfúgios em um argumento. Evite ser sarcástico e ranzinza. Mantenha-se focado nas questões. Lembre-se de que o propósito de uma advertência é corrigir algo errado. Um bom gerente não quer agravar o que está errado por meio da criação de ressentimento. Sempre enfatize "*o que*" em vez de "*quem*". Sugestões sobre o modo de aplicar advertências eficazes serão discutidas no Capítulo 9.

Os bons líderes não são figuras nem excessivamente amigáveis ou agradáveis nem tiranas. Não são nem ignorados nem temidos pelos subordinados. Os supervisores capazes têm confiança interna, além do respeito dos funcionários.

Vamos dar uma olhada em uma comparação simples entre o modo como um chefe gerencia e como um líder conduz:

O Chefe	O Líder
Conduz as pessoas	Orienta as pessoas
Inspira medo	Inspira entusiasmo
Diz: "Faça"	Diz: "Vamos fazer"
Torna o trabalho penoso	Torna o trabalho interessante
Confia na autoridade	Confia na cooperação
Diz: "Eu", "Eu", "Eu"	Diz: "Nós"

Mitos e equívocos

Os mitos e os equívocos que dominam o pensamento das pessoas por anos ou por vidas inteiras são difíceis de superar. Como gerente, no entanto, devemos destruí-los se quisermos ser capazes de seguir em frente.

Algumas pessoas relutam em assumir uma função de liderança. Para fazer isso, acreditam que precisariam ter determinadas características inatas de liderança, tais como carisma, ou aquela personalidade intangível que as capacitaria para influenciar os outros.

É verdade que alguns dos maiores líderes do mundo nasceram assim, ou seja, tinham aquele encanto especial que extasiava o público. Mas eles são a exceção. A maioria dos líderes de sucesso é formada por homens e mulheres comuns que trabalharam duro para chegar aonde estão. O gerenciamento de pessoas fica mais fácil para quem tem talentos naturais, mas isso não é essencial. Cada um de nós pode, com certeza, adquirir as habilidades necessárias para gerenciar e liderar pessoas.

A liderança é uma arte que pode ser adquirida. Com um pouco de esforço, qualquer indivíduo que deseje pode aprender a orientar pessoas de uma forma que denote respeito, confiança e cooperação sincera.

Muitos gerentes gostam de referir a si próprios como "profissionais", mas o gerenciamento é realmente uma profissão? Aos profissionais de outras áreas — tais como médicos, advogados, psicólogos e engenheiros — exige-se que completem estudo avançado e que passem por exames de certificação. Não há esse tipo de exigência para ser um gerente. Alguns podem ter educação diferenciada, como graduação em administração de negócios, mas a maioria é promovida de posto e tem pouco ou nenhum treinamento em gestão. A maioria dos gerentes aprende sobretudo no trabalho.

Cada vez mais, os gerentes bem-sucedidos estão se esforçando para adquirir habilidades por meio de cursos estruturados de estudo, mas a maioria deles ainda adquire técnicas ao observar aquelas de seus chefes. O modelo que eles seguem pode ser bom.

Muitas vezes, no entanto, gerentes novos são expostos a filosofias desatualizadas e inválidas dos chefes.

Algumas das ideias observadas abaixo podem ter sido válidas no passado, mas não são mais eficazes. Outras nunca foram verdadeiras. Vamos avaliar alguns dos muitos mitos e equívocos sobre gerenciamento.

Gerenciamento não vai além de senso comum

Um gerente, questionado a respeito de seu treinamento quando começou na nova função, disse: "Quando fui promovido ao meu primeiro cargo de gerenciamento, pedi a um gerente antigo algumas dicas sobre como lidar com as pessoas que se reportavam a mim. E ele me disse: 'Apenas use o senso comum e você não terá problema.'"

O que é "senso comum", exatamente? O que parece ser sensato para uma pessoa pode ser um absurdo para outra. Muitas vezes a definição de "senso comum" depende de questões culturais. No Japão, por exemplo, é considerado de senso comum esperar por um consenso pleno antes de tomar qualquer decisão. Nos Estados Unidos, essa técnica é muitas vezes ridicularizada como ineficiente e perda de tempo.

Os costumes culturais não são a única causa para que existam ideias diferentes sobre o que constitui senso comum. Pessoas diferentes têm diferentes visões sobre o que é bom e o que é ruim, o que é eficiente e o que é desperdício, e o que vai funcionar e o que não vai.

Temos tendência a usar experiências pessoais para desenvolver nossas marcas particulares de senso comum. O problema é que a experiência individual de uma pessoa fornece apenas uma perspectiva limitada. Embora o que consideramos senso comum tenha se desenvolvido a partir das nossas experiências, a experiência de um indivíduo nunca é o suficiente para fornecer nada além de perspectivas limitadas. A liderança envolve muito mais do que a experiência que um indivíduo possa ter. Para ser um verdadeiro líder, devemos olhar para além do senso comum.

Não poderíamos contar apenas com o senso comum para lidar com problemas financeiros e de fabricação. Poderíamos recorrer ao profissional com a melhor experiência possível nessas áreas em busca de conselho e informações. Por que então devemos lançar mão de uma base menos pragmática para lidar com problemas de relações humanas?

Podemos aprender bastante sobre a arte e a ciência do gerenciamento através da leitura de livros e publicações relacionados ao setor de atuação, frequentando cursos e seminários, e participando ativamente das associações do setor.

Os gerentes sabem tudo

Os gerentes não sabem tudo. Ninguém sabe. É importante aceitar que não temos todas as respostas, mas saiba que precisamos de habilidade para obtê-las. Uma maneira eficaz é desenvolver contatos com pessoas em outras empresas que tenham enfrentado situações semelhantes. Podemos aprender muito com elas. Estabelecer uma rede de contatos com pessoas em outras empresas a quem possamos recorrer para sugestões, ideias e estratégias de resolução de problemas nos dá acesso a esses profissionais quando precisamos de novas informações e ideias, e nos proporciona um recurso valioso e contínuo de auxílio na resolução de problemas.

> Você não tem muito mais sorte nas ideias que descobre por si do que nas ideias que são passadas para você? Em caso afirmativo, não é um erro de julgamento mandar suas ideias goela abaixo das outras pessoas? Não seria sensato fazer sugestões e deixar que a outra pessoa chegue à conclusão por si?
>
> DALE CARNEGIE

É a minha maneira ou a maneira do mercado!

O gerenciamento pelo medo ainda é uma prática comum. E funciona, às vezes. As pessoas vão trabalhar por temerem a possibilidade de perder seus empregos, mas quanto trabalho vão fazer? A resposta é: "Apenas o suficiente para impedir a demissão." É por isso que essa técnica não é considerada eficaz para o gerenciamento. O gerenciamento bem-sucedido envolve conseguir a cooperação voluntária dos funcionários.

Além disso, não é assim tão fácil despedir pessoas. Considerando-se as implicações das leis de direitos trabalhistas e os sindicatos e, em muitos casos, a dificuldade e os custos associados à contratação de substitutos competentes, o ato de despedir pessoas pode causar mais problemas do que a manutenção de empregados com quem não estamos satisfeitos.

Não podemos manter bons empregados por muito tempo quando gerenciamos pelo medo. Quando há escassez de empregos em nossa comunidade ou setor, os trabalhadores podem tolerar chefes arbitrários arrogantes. Porém, quando o mercado de trabalho se abre, as melhores pessoas vão partir para empresas com ambientes mais agradáveis. A rotatividade de empregados pode ser cara e muitas vezes devastadora.

O elogio é um mimo aos empregados

Alguns gerentes temem que, ao elogiar o trabalho de um membro da equipe, essa pessoa vá se tornar complacente e parar de tentar melhorar (com certeza, algumas pessoas de fato reagem desse modo). O principal objetivo é expressar o elogio de uma maneira que incentive o funcionário a continuar a manter o bom trabalho.

Outros gerentes têm a preocupação de que, se os funcionários forem elogiados pelo bom trabalho, eles tenham como expectativa o aumento de salários e gratificações. E algumas pessoas podem realmente ter essa expectativa. Mas não há motivo para deixar de elogiar quando há justificativa. Os empregados devem saber como são determinados os ajustes de salário, gratificações e outras recompensas financeiras. Se a remuneração é renegociada em Avaliações de Desempenho anuais, os membros da equipe devem ter a certeza de que o bom trabalho pelo qual foram elogiados será considerado nessa avaliação.

Alguns gerentes consideram o elogio irrelevante. Um chefe de departamento relatou: "As pessoas que superviseio sabem que estão indo bem pelo fato de eu não falar com elas. Se eu preciso falar com elas, é porque sabem que estão em apuros." Não oferecer qualquer outro feedback além de advertências também não é eficaz. Lembre-se, queremos usar reforço positivo, e não negativo.

É claro que os elogios podem chegar ao exagero. Se as pessoas são reiteradamente elogiadas por cada realização trivial, o valor do elogio é diminuído a ponto de se tornar superficial. Além disso, empregados não produtivos podem achar que estão indo muito bem ao serem elogiados de modo excessivo. As técnicas sobre o uso eficaz do elogio serão discutidas no Capítulo 3.

> Vamos elogiar a melhoria, por menor que seja. É uma fonte de inspiração para que a outra pessoa continue a melhorar.
>
> DALE CARNEGIE

O uso do chicote em excesso

Claro, alguns gerentes ainda agem como senhores de escravos. Todo ano, James Miller, consultor em gestão e autor do livro *The Corporate Coach*, faz um concurso dos Melhores e Piores Chefes do Ano.

Os funcionários fazem a nomeação. Miller relata que obtém mais nomeações para o pior chefe do que para o melhor. Uma das principais razões para que os empregados não gostem de seus chefes, Miller constatou, é que tais chefes repreendem os subordinados o tempo todo, expressam sarcasmo, regozijam-se em relação às falhas e, com frequência, berram e gritam com os empregados.

Por que as pessoas se comportam dessa maneira? Alguns indivíduos sempre conviveram em ambientes em que alguém gritava com eles — pais, professores e antigos chefes — e, assim, podem supor que esta seja uma ferramenta eficaz de comunicação.

Todos nós levantamos a voz às vezes, sobretudo quando estamos sob estresse. Às vezes, é preciso uma boa autodisciplina para não gritar. Os líderes eficazes, no entanto, controlam essa tendência. Um lapso ocasional não tem problema. Porém, quando o ato de gritar se torna a nossa maneira habitual de comunicação, estamos admitindo a nossa incapacidade de sermos verdadeiros líderes. Nós não podemos obter a cooperação voluntária dos funcionários se gritarmos com eles.

Tente a regra de platina

Quando gerenciamos pessoas, a regra bíblica de ouro "Faça aos outros o que você gostaria que fizessem a você" soa como conselho, mas apenas por um aspecto. As pessoas não são todas iguais. Tratar os outros da forma como queremos ser tratados não é o mesmo que tratá-los como eles querem ser tratados.

Por exemplo, Linda prefere ter objetivos amplos como atribuição e gosta de trabalhar os detalhes de sua atividade por conta própria. Já seu assistente, Jason, não se sente confortável em receber uma atribuição, a menos que todos os detalhes sejam revelados para ele. Se Linda delegar trabalho para o assistente do modo como ela gosta que lhe deleguem, não vai obter os melhores resultados.

Sol precisa de reforço contínuo. Ele fica feliz no ambiente apenas quando seu chefe inspeciona sua tarefa e lhe garante que ele está fazendo um bom trabalho. Tanya, entretanto, fica triste se sua chefe verifica seu trabalho com muita frequência. "Ela não confia em mim?", reclama Tanya. Não se pode fazer com Tanya o que é feito com Sol e obter bons resultados de cada um deles.

Cada um tem o próprio estilo, a própria abordagem e as próprias excentricidades. "Fazer aos outros" da mesma forma que gostaríamos que eles fizessem a nós pode ser o modo mais pobre de gerenciar pessoas.

Para ser um gerente eficaz, é preciso conhecer cada membro da equipe e desenvolver um método próprio de gerenciamento levando em conta a individualidade de cada pessoa. Em vez de seguir a regra de ouro, siga a regra de platina: *Faça aos outros o que eles gostariam que você fizesse a eles.*

Compromissos devem ser cumpridos, é claro. Em algumas situações, o trabalho deve ser feito de uma maneira que pode não ser a ideal para algumas pessoas. Quando se sabe com antecedência o que precisa ser feito, pode-se prever os problemas e preparar os funcionários para que aceitem as tarefas.

Os líderes devem produzir mais do que um ótimo desempenho

A produção, o desempenho e o lucro são aspectos importantes de nosso cargo como gerentes, mas isso é tudo que precisamos considerar? Sem dúvida, se o objetivo do negócio é sobreviver, deve produzir resultados. Igualmente importante, no entanto, é o desenvolvimento dos empregados. Se ignorarmos o potencial das pessoas, a capacidade da equipe de visar a atingir resultados fica limitada. Em vez disso, nós recebemos benefícios de curto prazo à custa do sucesso de longo prazo e até mesmo da sobrevivência.

Quando Eliot fundou a empresa de componentes de computador, foi pioneiro no que era então uma nova e crescente indústria. Determinado a ser um líder em sua área de atuação, conduziu os empregados para manter níveis elevados de produtividade e se manteve atento na busca pelo lucro. Porém ele não prestou atenção ao desenvolvimento dos funcionários. Aos membros da equipe administrativa e da equipe técnica foram dadas poucas oportunidades de contribuir com ideias ou de usar sua iniciativa pessoal para projetos próprios. Com o passar dos anos, a empresa de Eliot teve lucros razoáveis, mas nunca cresceu para se tornar uma indústria-líder como ele havia esperado. Ao sufocar o potencial e a ambição dos funcionários, ele perdeu vários membros da equipe técnica para outras empresas. E, como dependia apenas das próprias ideias, ele perdeu todas as ideias inovadoras que os funcionários poderiam trazer para a empresa.

PONTOS IMPORTANTES

- A liderança é uma arte que pode ser adquirida. Com um pouco de esforço, qualquer pessoa que deseje pode aprender a orientar indivíduos de uma forma que denote respeito, confiança e cooperação sincera.
- Não dê ordens, lidere.
- Os gerentes são muitas vezes influenciados por equívocos e mitos sobre gerenciamento. Não siga automaticamente os passos de um chefe antigo.
- Não seja duro nem fácil demais de lidar. O estilo de supervisão mais eficaz está entre esses dois extremos. Baseia-se na compreensão do comportamento humano e na aplicação deste conhecimento no trabalho com as pessoas sob seu comando.
- Elogie as pessoas pelo trabalho bem-feito. O trabalho que não é reconhecido é como uma planta que não é regada. A produtividade vai murchar.
- Siga a regra de platina: "Faça aos outros o que eles gostariam que você fizesse a eles."
- Devemos estar sempre disponíveis para o nosso pessoal.

CAPÍTULO 2

Estilos de liderança

Não é preciso nascer um líder. A maioria das pessoas pode ser treinada para tal, mas há características que elas devem adquirir para se tornarem realmente grandes líderes. Ao longo dos anos, foram realizados muitos estudos para saber quais são essas características.

Embora os pontos fortes e as capacidades individuais possam variar, pesquisas indicam que os gerentes bem conceituados veem o mundo de maneira semelhante. As características a seguir representam as qualidades observadas com mais frequência nos líderes bem-sucedidos:

1. *Eles possuem valores fortes e padrões éticos elevados.* Podemos aprender muito ao seguir a filosofia de Sir John Templeton, o fundador do Fundo Templeton, um dos fundos de investimentos mais rentáveis do mundo. O negócio da empresa se baseia na crença de que as pessoas de maior sucesso são, muitas vezes, as mais motivadas em termos éticos. Ele diz que essas pessoas são propensas a ter a mais

profunda compreensão da importância da moralidade nos negócios, e merecem a confiança para ter carta branca já que não enganam os clientes.

O trabalho duro combinado com honestidade e perseverança é o ponto crucial da filosofia de Templeton. "Os indivíduos que aprenderam a investir no trabalho são bem-sucedidos. Eles ganharam o que têm. Mais do que apenas saber o valor do dinheiro, eles conhecem o próprio valor."

2. *Eles lideram pelo exemplo, agindo com integridade tanto na esfera profissional quanto na pessoal.* Independentemente de realizarem as próprias ideias ou aquelas de terceiros, os líderes trabalham para garantir que o que foi planejado seja alcançado. Nada é mais poderoso no reforço da capacidade de liderança do que sucesso e realizações. Trabalhar duro para cumprir os objetivos estabelecidos pelo líder e seus funcionários aumenta a probabilidade de sucesso e motiva o líder e o grupo a seguir em frente.

3. *Eles são bem informados sobre os objetivos da empresa e dos departamentos e se mantêm atualizados acerca das mudanças.* Os melhores líderes estabelecem padrões elevados para si próprios e, então, trabalham duro para atingir os objetivos. Como todo mundo, nós também cometemos erros e, quando isso ocorre, devemos considerar tais erros como experiências de aprendizado e tentar transformá-los em sucessos. Como já foi dito: "Se você nunca cometeu erros, você nunca tomou decisões."

4. *Eles são proativos e automotivados para atingir resultados.* Eles nunca estão completamente satisfeitos consigo mesmos. Eles se mantém não apenas em um estágio de mais alto desenvolvimento em suas áreas, como também melhoram o conhecimento e a compreensão em uma

série de outros campos. Leem publicações profissionais e revistas das áreas de interesse. Leem muito. Assumem funções ativas em associações profissionais e comerciais, não apenas para se manter em contato com novos departamentos, mas para compartilhar suas ideias com colegas de outras organizações. Estão presentes e participam de convenções e conferências, e desenvolvem redes de contato a quem possam recorrer para obter conhecimento ou ideias ao longo dos anos.

5. *Eles são grandes comunicadores e excelentes ouvintes.* Eles escutam seu pessoal e reconhecem que os subordinados de ambos os sexos, mesmo não estando naquele momento em posições de liderança, podem contribuir com ideias e sugestões até mesmo mais valiosas do que a dos próprios líderes. O bom líder estabelece ambientes colaborativos e cooperativos em que todos os participantes sabem que sua contribuição nas decisões é bem-vinda.

6. *Eles são flexíveis sob pressão e mantêm a emoção sob controle.* Quando se deparam com o fracasso, seu comprometimento os impede de sucumbir. No Capítulo 1, discutiu-se como reconquistar a autoconfiança depois de sofrer uma derrota. Bons líderes seguem este conselho. Eles não vão deixar que os fracassos e desapontamentos os impeçam de continuar a tentar e a incentivar seus seguidores a seguir em frente.

A pessoa que vai mais longe é geralmente aquela que está disposta a fazer e a ousar. O barco da certeza nunca fica longe da costa.

DALE CARNEGIE

---

7. *Eles têm atitudes positivas.* A prática do pensamento positivo aumenta muito a nossa capacidade, por duas razões. Primeiro, porque proporciona a descoberta de capacidades que antes estavam bloqueadas e trazem à tona recursos até então desconhecidos; e, segundo, porque mantém nossas mentes em harmonia, ao acabar com o medo, com a preocupação, com a ansiedade, destruindo todos os inimigos do sucesso e da eficiência. Isso coloca nossas mentes em uma condição propícia ao sucesso. Além disso, a prática do pensamento positivo aguça nossas faculdades, tornando-as mais perspicazes, uma vez que dá uma nova perspectiva sobre a vida e nos transforma de modo que nos voltemos para os nossos objetivos, para a certeza, para a garantia, em vez da dúvida, do medo e da incerteza. Devemos enfatizar o positivo no pensamento e nas ações. Se formos pensadores positivos, os funcionários muito provavelmente serão pensadores positivos.
8. *Eles estimulam a cooperação e a colaboração da equipe.* Bons líderes não são complacentes. Eles estão constantemente em alerta para fazer inovações que vão melhorar o modo como o trabalho é feito, assegurar a continuidade da satisfação do cliente e aumentar a rentabilidade da organização.
9. *Eles têm mente aberta para novas ideias e acolhem sugestões.* Mesmo depois que mudanças e melhorias são feitas, eles buscam maneiras ainda melhores de alcançar os objetivos. Eles reservam um tempo para conhecer o que impulsiona cada um dos membros da equipe e apreciam motivá-los e ajudá-los a obterem êxito. Os grandes líderes entendem as pessoas e sabem o que faz com que elas ajam e reajam de determinada maneira. Eles reconhecem a importância de ser um

fator motivador para as pessoas, recorrendo aos estímulos e sentimentos delas. Eles têm um verdadeiro interesse pelas pessoas com quem interagem. Conforme Dale Carnegie ressaltou de forma sucinta: "Você pode fazer mais amigos em dois meses, ao tornar-se verdadeiramente interessado pelos outros, do que em dois anos, ao tentar fazer com que os outros fiquem interessados por você."

10. *Eles reconhecem e maximizam os pontos fortes nos outros.* Com frequência, as pessoas em posição de autoridade podem obrigar os subordinados a seguirem ordens por força do poder de seus cargos. Mas tais pessoas não são verdadeiros líderes. Sim, as ordens serão seguidas, mas isso é tudo o que vai acontecer. Os verdadeiros líderes desenvolvem a confiança e a segurança nos funcionários. (Observe que eles pensam nestes como colaboradores e não como subordinados.) Isso gera um desejo não apenas de seguir a liderança do gerente, mas também de iniciar, inovar e implementar ideias próprias que se ajustem aos objetivos estabelecidos.

11. *Eles também dividem com os outros os méritos dos resultados.* Eles estabelecem padrões, que são entendidos e aceitos pelos funcionários, e trabalham para cumprir esses padrões. Eles tomam medidas imediatas para corrigir desvios. Eles reconhecem as próprias limitações e buscam ajuda quando necessário.

12. *Eles são eficientes e gerenciam o tempo de forma eficaz.* Eles desenvolvem cronogramas significativos, aprendem a priorizar e a minimizar interrupções e distrações.

13. *Eles são criativos e inovadores. Eles não têm medo de tentar novas ideias.* Bons líderes não são complacentes. Estão o tempo todo em alerta para fazer inovações que melhorem

a forma como o trabalho é feito, que assegurem a satisfação contínua do cliente e que aumentem a rentabilidade da organização. Suas mentes estão abertas para novas ideias e acolhem de bom grado as sugestões. Mesmo após mudanças e melhorias, eles ainda buscam maneiras ainda melhores para realizar os objetivos.

14. *Eles têm visão.* Os grandes líderes sabem o que querem realizar e quais passos devem tomar para atingir os objetivos. Eles olham para além da realização dos objetivos de curto prazo e mantêm essa grande visão de forma clara em suas mentes. Theodore Hesburgh, ex-reitor da Universidade de Notre Dame, expressou isso de modo conciso: "A verdadeira essência da liderança é que você tem que ter visão. Tem que ser uma visão que você articule de forma clara e vigorosa em todas as ocasiões. Você não pode tocar um trompete que não funciona direito."

15. *Eles se concentram em fazer as coisas.* Nós sempre nos deparamos com pessoas em posições de gerenciamento que parecem ter grandes atributos de liderança, mas de certa forma nunca foram muito bem-sucedidas. Em algum lugar ao longo do caminho elas perderam a chance.

Aqui está um exemplo. Quando a ABC Distributing Co. contratou Brian como gerente regional de vendas, estava muito entusiasmada com ele. A indicação de Brian fora muito bem recomendada. Durante o processo de seleção, ele tinha impressionado o gerente de marketing com seu conhecimento profundo sobre os mercados da empresa, suas ideias inovadoras sobre como aumentar o negócio e sua personalidade encantadora. Durante os primeiros meses no cargo, ele desenvolveu um programa de marketing criativo e detalhado para sua região. Passou semanas ajustando-o, redigindo materiais e criando gráficos para isso. Aquilo o levou a fazer várias apresentações impressionantes para o nível gerencial e para a força de vendas. E parou por aí. Ele nunca foi capaz de realmente sair e fazer com que o programa tomasse forma. Quando o gerente de marketing foi verificar outra vez com o antigo empregador de Brian, ficou sabendo que ele tinha sido um funcionário da área de marketing, brilhante naquele tipo de trabalho, mas que nunca tivera pessoas sob sua responsabilidade. Faltava-lhe aquele ingrediente-chave da liderança: fazer as coisas.

16. *Eles não se intimidam com facilidade.* Quando se deparam com o fracasso, eles tomam as rédeas e lutam para superar o problema. Um bom exemplo é Tom Monaghan, fundador da Domino's Pizza. Essa empresa passou de uma única pizzaria para uma cadeia de milhares de unidades de pizza para entrega durante um período de cerca de trinta anos. Em 1989, Tom vendeu a empresa. Após dois anos e meio, a empresa que havia comprado a rede perdeu o ímpeto gerado por Monaghan. Para salvar a empresa, ele a comprou de volta e retornou à antiga posição como CEO. Tom revitalizou a empresa e a expandiu para mais de 5 mil lojas nos Estados Unidos, e mais de 3 mil em outros países.

Transição do fazer para o liderar

Uma das principais razões para a promoção de pessoas às posições de gerenciamento e liderança é o fato de elas terem sido eficazes no que faziam em seu trabalho. Quando se consegue uma promoção, a função no novo cargo é fazer com que os outros sejam capazes de realizar tarefas tão bem ou melhor do que o recém-empossado realizaria. Tais funções demandam um conjunto de habilidades totalmente diferentes. O sucesso no novo cargo requer a transição do fazer para o liderar, de forma a alavancar as habilidades existentes e o tempo.

O equilíbrio entre pessoas e processo

Para ser eficaz como gerente, devemos equilibrar pessoas e processo. Estar focado demais nas pessoas pode resultar em situações em que, se uma pessoa-chave parte, tudo para. Estar focado demais no processo significa que grandes sistemas estão em vigor, porém ninguém os entende ou quer trabalhar dentro deles. O foco no processo quer dizer: "Aqui está o plano e aqui está como fazemos as coisas." O foco nas pessoas quer dizer: "Vamos discutir o plano e por que fazemos as coisas." Com o equilíbrio certo, tanto a produtividade quanto o compromisso permanecem em seus mais altos níveis.

O equilíbrio entre motivação e responsabilidade

Sem motivação nada é feito, mas algumas pessoas acreditam que, logo que tentamos fazer as pessoas assumirem responsabilidades, elas ficam desmotivadas. Não necessariamente! Podemos desenvolver ferramentas para fazer com que as pessoas sejam responsáveis por suas metas, seus objetivos e compromissos e, ao mesmo tempo, permaneçam motivadas. Com esse equilíbrio, maior é o controle que temos sobre os nossos resultados e os de nossa equipe.

Se você não gosta de pessoas em geral, há uma maneira simples de cultivar a característica: apenas procure pelos traços bons. Você com certeza há de encontrar alguns.

DALE CARNEGIE

A comunicação e o treinamento para a obtenção de resultados

Hoje, mais do que nunca, a função do gerente é desenvolver pessoas. Quando conseguimos criar um ambiente em que os funcionários obtêm resultados, desenvolvem novas habilidades e se tornam bem-sucedidos, estamos cumprindo a maior vocação como gerente e líder de pessoas. Comunicar com força e sensibilidade, ser um *coach* e desenvolver pessoas são funções da mais alta prioridade para um líder.

Uma das razões de funcionário serem frequentemente promovidos a gerente é porque demonstraram as habilidades e o conhecimento necessário para se sobressaírem em suas áreas de especialidade. Agora, o sucesso depende não apenas da realização pessoal, mas também da preparação dos outros para que eles sejam bem-sucedidos. Fazer a transição com êxito, de trabalhador para gerente, exige uma nova configuração na mente e um conjunto de habilidades. O quadro a seguir apresenta as diferenças entre ser um trabalhador e ser um líder bem-sucedido:

Trabalhador	Gerente ou Líder
Precisa de orientação e direção	Planeja estratégia, prioriza e canaliza ações para dar suporte à gestão superior
Conforma-se com a estrutura	Fornece estrutura e define políticas
Tem uma perspectiva de curto prazo	Tem uma perspectiva de longo prazo
Aceita e obedece	Desafia, persuade e influencia
Demonstra habilidades em áreas particulares	Busca oportunidades para tirar proveito dos pontos fortes dos indivíduos
Quer entender "O que há aqui para mim"	Motiva, energiza e consegue comprometimento
Evita riscos e conflitos, e busca continuidade	Assume riscos, reavalia continuamente e enfrenta conflitos e mudanças
Usa tomada de decisão analítica	Usa tomada de decisão intuitiva
Busca ser ouvido e compreendido	Ouve e busca entender
Identifica o que é necessário para se sobressair	Fornece treinamento (*coaching*), suporte, orientação e recursos para o sucesso
Busca um propósito	Promove propósitos com entusiasmo, paixão e convicção
Almeja confiança, envolvimento, responsabilidade e propriedade	Solicita informações, então delega, capacita e dá responsabilidade às pessoas
Precisa de reafirmação e feedback	Fornece feedback consistente de desempenho
Prospera a partir de valorização e reconhecimento	Desenvolve a confiança de forma consistente, demonstra valorização e compartilha a glória.
Busca um caminho claro para sua carreira	Fornece oportunidade para crescer

O estabelecimento de objetivos e o planejamento para alcançá-los

O primeiro passo que devemos dar para aplicar nossas habilidades de liderança é estabelecer objetivos. Como um bom navegador, o líder eficaz determina quais objetivos devem ser estabelecidos e como e quando atingi-los. Algumas pessoas preferem o termo "meta". As metas e os objetivos são termos intercambiáveis que descrevem o propósito ou os resultados a longo prazo, para os quais os esforços de uma organização ou de um indivíduo são direcionados.

Há pessoas que gostam de partir para uma viagem sem um mapa. Elas querem seguir o curso e esperam encontrar aventura e fortuna. Às vezes encontram, mas líderes e gerentes em empresas e outras organizações não podem se dar ao luxo de assumir semelhantes riscos. Em função de suas responsabilidades sobre as equipes, eles devem saber para onde estas querem ir, o que elas querem realizar, que tipos de problemas elas podem encontrar ao longo do caminho e como superá-los.

A menos que saibamos exatamente o que queremos alcançar, não há como medir a que distância estamos de alcançar o propósito. Os objetivos específicos nos fornecem um padrão a partir do qual medir o nosso progresso.

Os objetivos que estabelecemos para a realização da missão da equipe podem estar em sintonia com os objetivos maiores que a organização estabelece para nós. Se não coordenarmos os objetivos do que planejamos alcançar para o nosso trabalho, departamento ou equipe, com os objetivos da organização, estaremos perdendo tempo e energia.

Os objetivos são a base dos programas motivacionais. Ao nos empenharmos para alcançar os objetivos, nós nos tornamos motivados. Ao estarmos a par dos objetivos dos membros da equipe e ao ajudá-los a alcançar esses objetivos, ajudaremos a motivá-los.

Na maioria das organizações, os objetivos do contexto global são estabelecidos pela alta administração e filtrados para os departamentos ou equipes, que os utilizam como guias para o estabelecimento de seus próprios objetivos.

O processo de estabelecimento de objetivos

O processo de estabelecimento de objetivos toma tempo, energia e esforço. Os objetivos não são algo para ser rabiscado em um guardanapo durante o intervalo para o café. Devemos planejar o que realmente queremos realizar, estabelecer cronogramas, determinar quem será responsável por qual aspecto do trabalho e, depois, prever e planejar a resolução para quaisquer obstáculos que possam ameaçar impedir a realização dos objetivos.

Os objetivos devem ser detalhados. Eles devem ser plenamente compreendidos por todos aqueles que tenham de cumpri-los. Os gerentes, sejam de alto escalão ou de qualquer outro nível da hierarquia gerencial, devem não apenas estar a par dos objetivos da empresa, como também completamente comprometidos com eles.

Benefícios do estabelecimento de objetivos

1. O estabelecimento de objetivos motiva os indivíduos que desempenham as tarefas. Se as pessoas sabem por que algo é exigido, têm maior probabilidade de aprender a fazer bem e, portanto, de realizar o objetivo do que se

apenas fosse dito a elas para realizar a tarefa. As pessoas têm orgulho em fazer um bom trabalho. A menos que elas tenham conhecimento sobre os objetivos do trabalho que estão fazendo, não podem saber realmente se estão realizando um trabalho satisfatório ou não.

Por exemplo, Neil, um estudante de engenharia, estava em um programa de educação cooperativo em que trabalhava três meses na indústria e frequentava três meses de aula. O trabalho de Neil era em um laboratório de pesquisa de uma grande empresa de plásticos, onde ele tinha como atribuição um trabalho de teste de rotina. O trabalho era repetitivo e tedioso e, consequentemente, Neil logo perdeu interesse e seu desempenho apresentou uma queda. O gerente do laboratório, vendo o efeito no trabalho, chamou Neil a um canto e explicou, com detalhes, a importância dos testes, o uso dos resultados e a forma como o trabalho contribuía para cumprir as metas de produzir um produto com nível de excelência. Depois que Neil compreendeu a natureza dos esforços que estava fazendo, seu desempenho melhorou e logo ele passou a produzir resultados de alto nível.

2. O estabelecimento de objetivos proporciona consistência no planejamento. Quando várias pessoas estão empenhadas em fazer os planos de uma organização, a compreensão profunda dos objetivos facilita o desenvolvimento dos planos que estão em consonância com os propósitos globais. Cada uma das pessoas envolvidas no processo de planejamento fica de olho nos principais objetivos e ajusta sua área no planejamento dentro do contexto como um todo.

3. O estabelecimento de objetivos fornece uma base sólida para a coordenação e o controle. Com base neles, podem

ser definidos padrões de desempenho, e estes, por sua vez, se tornam balizamentos contra os quais pode-se medir o real desempenho.

Construa com flexibilidade

Às vezes, nós simplesmente não conseguimos atingir um objetivo. As circunstâncias podem mudar. O que antes parecia ser viável pode não ser mais. Em vez de ficarmos frustrados, devemos ser flexíveis.

A mudança de objetivos com a mudança das circunstâncias

Todos nós estabelecemos objetivos com base em determinadas circunstâncias que prevemos durante o tempo de um projeto. No entanto, as circunstâncias realmente mudam e os objetivos originais podem precisar de ajustes. Ao prever isso, muitas empresas usam um programa de estabelecimento de objetivos que envolve três níveis:

- Alternativa 1: Um objetivo principal ou padrão — O que planejamos alcançar caso tudo corra bem.
- Alternativa 2: Um objetivo ligeiramente inferior. Caso as circunstâncias mudem e se torne evidente que o nosso principal objetivo não pode ser alcançado, em vez de começar do zero na redefinição dele, podemos passar para esta alternativa.
- Alternativa 3: Um objetivo de nível superior. Se tivermos um progresso maior do que havíamos determinado origi-

nalmente, em vez de nos acomodarmos por estar à frente da meta, podemos concluí-la e realizar ainda mais.

Tome como exemplo a PCX, uma empresa na área metropolitana de Filadélfia que oferece assistência técnica de computadores. Sua meta de vendas para um ano era abrir dez contas novas. Para evitar perda de clientes quando um concorrente nacional abriu uma loja de prestação de serviços na mesma comunidade, todas as energias da empresa foram redirecionadas para salvar suas contas existentes naquele momento. O objetivo de desenvolver captação de novos clientes, então, teve que ser reduzido.

Por outro lado, se a PCX estivesse tendo um bom ano, seus objetivos poderiam ter sido acelerados. Se a PCX tivesse adquirido oito clientes novos na primeira metade do ano, poderia ter elevado seus objetivos automaticamente para um nível superior.

Adesão da equipe ao processo de estabelecimento de objetivos

Em um seminário recente sobre estabelecimento de objetivos, um dos participantes queixou-se: "Tenho dificuldade de fazer com que as pessoas aceitem o conceito de contexto global. Elas estão tão absorvidas em seus trabalhos individuais que não conseguem enxergar além dos próprios problemas." Aqui está a forma como podemos superar esse tipo de situação:

- Introduza todos do departamento ou da equipe de projeto nos estágios iniciais do processo de planejamento.
- Discuta os pontos principais do plano geral.
- Peça que cada pessoa descreva como ela se encaixa no plano em um contexto geral.

- Dê a cada uma delas a oportunidade de comentar sobre cada estágio do projeto.

Dividir um objetivo de longo prazo em partes menores, com as quais as pessoas irão trabalhar, pode ajudá-las a visualizar como sua parte em um projeto se encaixa com as demais. Elas podem inclusive se dar conta de como são estabelecidos os objetivos do projeto ou da equipe como um todo a longo prazo.

Familiarize-se bem com os objetivos de cada um dos membros da equipe. Se esses objetivos não estão de acordo com os da empresa, do departamento ou do grupo de projeto, demonstre o quanto a aplicação de suas habilidades no cumprimento dos objetivos da equipe aumenta a oportunidade de satisfazer suas próprias expectativas.

O processo de planejamento

Toda a equipe deve se envolver no desenvolvimento dos planos para cada projeto ou tarefa. Como supervisor ou líder de equipe, devemos coordenar e liderar o processo. Designe aspectos específicos do planejamento aos funcionários que tenham maior conhecimento sobre eles, coordene o processo e tome decisões que tenham um efeito significativo sobre o projeto inteiro.

O planejamento deve estar ligado aos objetivos da organização. Se as pessoas não aderirem a esses objetivos, o planejamento não terá razão de ser. Depois que os objetivos estiverem definidos com clareza, os planejadores devem detectar os problemas a serem abordados pelo plano. Para fazer isso, devem ser seguidos alguns passos:

Esclareça o problema. Certifique-se de que cada um dos planejadores compreende o problema da mesma maneira. Por exemplo, imagine que o objetivo de um plano global é aumentar as vendas: se um dos participantes detecta um problema em relação às melhorias nas técnicas de vendas, e outro vê como problema a determinação de preço usada naquele momento, nenhuma solução pode ser alcançada. Para assegurar que os planejadores compreenderam as condições de forma clara, faça as seguintes perguntas:

O que deve ser feito? É para corrigir a ineficiência? Para se preparar para contingências? Para alterar um método? Ou alguma questão específica?

Por que tem que ser feito? Se não for feito, o que vai acontecer? A ação é essencial para resolver problemas ou para preparar a empresa para o futuro? Como essa ação afetará os objetivos da empresa?

Quando deve ser feito? É uma emergência? Se não for, quais prazos devem ser estabelecidos para cumprir a tarefa?

Em que lugar vai ocorrer? As instalações estão disponíveis para o plano e suas implementações?

Quem vai ser designado para desenvolver o plano? Será designado a um grupo especial de planejamento ou a funcionários que estão envolvidos na operação e serão responsáveis pela implementação?

Como será feito? De que maneira o plano será feito e depois implementado?

O homem bem-sucedido vai tirar proveito de seus erros e tentará outra vez de uma maneira diferente.

DALE CARNEGIE

POPs: a bíblia da empresa

Um dos tipos de planejamento usados com frequência é aquele que estabelece os procedimentos operacionais padrão (POPs) (em inglês: standard operating procedures — SOPs), às vezes chamados de práticas-padrão (em inglês: standard practices — SPs), que detalham os planos e as políticas da organização. Embora organizações normalmente restrinjam seus POPs a alguns assuntos como políticas de pessoal, medidas de segurança e assuntos relacionados, muitas empresas, no entanto, incorporam métodos e procedimentos de trabalho específicos em suas "bíblias" ou os publicam para acompanhar os "manuais de instruções". O fornecimento de políticas e procedimentos para atividades de rotina elimina a necessidade de novos planejamentos toda vez que estas ocorrem. Uma vez que os POPs estabelecem padrões que todos devem seguir, os empregados que trabalham com os manuais podem consultá-los a qualquer hora, o que garante a consistência em lidar com situações particulares.

Se tiver que desenvolver POPs, faça-os de forma simples. Os POPs muitas vezes se tornam complicados quando os gerentes querem abranger toda e qualquer eventualidade possível. Isso não pode ser feito.

Os gerentes terão com frequência que tomar decisões com base nos muitos fatores imprevisíveis. Os POPs devem abranger as questões comuns em detalhes, mas devem deixar espaço para que os gerentes (ou outras pessoas designadas, quando necessário) tomem decisões espontâneas quando as circunstâncias as justifiquem.

Os POPs devem também ser flexíveis. Não faça POPs tão rígidos que não possam ser alterados quando as circunstâncias mudam. Os planos podem se tornar obsoletos em função das novas tecnologias, da concorrência, das regulamentações governamentais ou do desenvolvimento de métodos mais eficientes. Inclua nos POPs uma política para revisão e ajuste periódicos.

Além disso, tenha em mente que nem todos os planos devem ser considerados como POPs. Os planos devem ser desenvolvidos para finalidades específicas, às vezes para serem usados apenas uma única vez e, em alguns casos, para projetos que duram vários meses ou até vários anos.

Os procedimentos operacionais padrão constituem apenas uma fase do planejamento. Conforme mencionado, é melhor que os POPs possam abranger apenas questões políticas gerais, de modo que os planos possam ser concebidos para novos projetos quando da criação destes.

Um guia para POPs bem-sucedidos:

- Exponha de forma clara quais são as ações esperadas de cada participante.
- Especifique em que circunstâncias os desvios podem e não podem ser permitidos.
- Teste os POPs antes de torná-los definitivos.

Obstáculos para reforçar a responsabilidade

Independentemente de nossos planos terem sido bem concebidos, é provável que existam objeções por parte dos funcionários ou de outros gerentes. Os nossos resultados, e os resultados da equipe, dependem da forma como são tratadas essas situações. É preciso agir com justiça, consistência e vigor nos lugares certos, na hora certa e da maneira certa. Sem isso, o moral de todos pode baixar, afetando a produtividade, a fidelidade do cliente e a lealdade do empregado — fatores obrigatórios na força de trabalho altamente competitiva de hoje. Veja algumas sugestões para lidar com isso:

1. Certifique-se de que todas as metas e todos os objetivos estejam claros e devidamente comunicados para todos os envolvidos e que, além de completamente compreendidos, eles sejam aceitos por todos.
2. Os objetivos de desempenho devem ser indicados de forma clara. A maneira como isso pode ser feito será discutida no Capítulo 5.
3. Os objetivos e padrões não devem ser revisados, a menos que o escopo do projeto seja alterado por problemas sérios.
4. Assegure-se de que todas as partes interessadas tenham aderido ao processo e tenham um senso de propriedade em relação aos objetivos e padrões.
5. Determine etapas e métodos de medição, monitoramento e comunicação de realizações.
6. Incentive os funcionários a fazerem os questionamentos certos para desobstruir as barreiras em direção à obtenção de resultados.
7. Defina e respeite os cronogramas.
8. Forneça técnicas de treinamento (*coaching*) e de feedback.
9. Esteja a par da falta de motivação e do esgotamento daqueles que estão envolvidos no projeto e tome medidas para superar tais problemas.
10. Estabeleça sistemas de recompensa para a realização de objetivos.

PONTOS IMPORTANTES

Os líderes eficazes seguem estes princípios:

- Os membros da equipe respondem melhor à liderança participativa do que à autoritária.
- Deve-se dar aos funcionários toda a oportunidade de usarem seus talentos, habilidades e capacidade intelectual.
- O bom líder estabelece um ambiente colaborativo e cooperativo em que todos os participantes sabem que sua contribuição nas decisões é bem-vinda.
- Os bons líderes se veem como facilitadores. Sua função é fazer com que a realização dos trabalhos por parte dos funcionários se torne mais fácil.
- Líderes eficazes estão prontos para tomar a iniciativa, para agir em vez de reagir.
- Os melhores líderes estabelecem padrões elevados para si próprios e, depois, trabalham duro para alcançar os objetivos.
- Os líderes se concentram em fazer as coisas acontecerem e não são facilmente detidos.

Princípios para dividir o mérito com os outros

Nós, como líderes de equipes, somos responsáveis sobretudo pelo sucesso ou fracasso delas. Para assegurar o sucesso, temos a obrigação de perceber que os funcionários reconhecem que também são responsáveis. Abaixo, encontram-se algumas orientações para ajudar nisso:
- Defina objetivos imediatos, intermediários e de longo prazo.

- Alinhe objetivos de desempenho com estratégia corporativa.
- Esteja a par das alterações no escopo do projeto e revise os objetivos, os procedimentos e os prazos de entrega caso os planos ou projetos sofram alteração.
- Obtenha anuência e adesão aos objetivos e padrões estabelecidos.
- Transmita de forma consistente as metas, os objetivos, os pontos de verificação e as etapas estabelecidas a todos os envolvidos.
- Faça os questionamentos certos, enfrente os desafios de cabeça erguida e solicite contribuição para eliminar barreiras a fim de alcançar os objetivos.
- Priorize as atividades, mantenha o foco e gerencie o tempo de acordo com as metas de desempenho.
- Crie um sistema orientador, aprenda formas de treinar com eficácia e passe feedbacks construtivos.
- Mantenha o entusiasmo, o compromisso e a motivação por meio do reconhecimento sincero e consistente.
- Desenvolva um sistema de recompensa relevante para a realização de objetivos.

CAPÍTULO 3

Motivando a equipe

Quando o nosso pessoal se apresenta ao trabalho, alguma vez nos perguntamos: "Eles estão felizes aqui? Será que prefeririam trabalhar para outra pessoa? Será que é apenas o salário que pagamos a eles ou os benefícios fornecidos pela empresa que os motiva a vir trabalhar?" Esses fatores são importantes, mas a maioria das empresas atualmente paga salários satisfatórios e oferece uma série de benefícios equivalentes. Tem que ser mais do que isso. Os psicólogos nos dizem que há cinco fatores motivacionais básicos que regem o relacionamento de uma pessoa com seu emprego.

Reconhecimento como indivíduo

Cada um dos funcionários é diferente de nós e dos outros colegas no grupo. Cada pessoa gosta de sentir que essas diferenças são reconhecidas por nós e que a tratamos como alguém especial, e não como um componente-padrão passível de troca. Os supervisores devem ouvir e observar aqueles que supervisionam e aprender a diferenciar uns dos outros. Conheça seus pontos fortes e suas limitações, saiba do que gostam e do que não gostam, como agem e reagem, e ajuste a maneira de lidar com cada um deles de acordo com suas individualidades.

Ao prestar atenção a essas diferenças, aprende-se que cada um dos funcionários tem uma ou mais preocupações acerca do trabalho. Constata-se que Joe é bastante preocupado com segurança e não assume riscos por medo de fracassar e talvez colocar o emprego em perigo. Observa-se que Betty é muito ambiciosa e quer subir na carreira o mais rápido que puder. Sam e Lil precisam de constante estímulo, enquanto Karen está sempre tentando novas abordagens. Ao ter essas diferenças individuais em mente, é possível trabalhar de forma mais eficaz com cada um e ajudá-los a obter o que eles mais querem de seus gerentes.

Orgulho no trabalho

A maioria das pessoas que chegou a posições de supervisão e gerenciamento tem orgulho de seus cargos. Elas geralmente ganham a promoção e têm realizações significativas no trabalho. Tais homens e mulheres são considerados uma parte importante da empresa. Se quisermos incutir esse sentimento de orgulho em *todo* o nosso pessoal, o resultado será a elevação da motivação e do comprometimento.

Para se chegar a isso, a cada novo empregado deve ser dada uma orientação completa sobre o que o departamento faz e a forma como se relaciona com as atividades da empresa em geral. Esse novo empregado também deve ser orientado quanto à forma como o trabalho específico realizado ajuda o departamento e a empresa a cumprirem sua missão.

O reconhecimento e o elogio devem ser feitos sempre que forem merecidos. Dale Carnegie nos incentiva a ser "calorosos em nossa aprovação e generosos em nosso elogio". Quando as pessoas sabem que seu trabalho é valorizado, desenvolve-se um sentimento de orgulho, que é mantido.

Sentimento de pertença

Muitas organizações se vangloriam do espírito de equipe gerado por elas. O espírito de equipe é essencial para o êxito da atividade em grupo. As pessoas gostam de sentir que fazem parte de algo maior do que elas próprias: uma equipe, um grupo social ou uma empresa. Tais sentimentos fluem diretamente do orgulho de um emprego, mas isso é apenas o início. As pessoas são mais felizes, mais cooperativas e produtivas quando se identificam com seu grupo, sobretudo um grupo eficaz e bem-sucedido. As pessoas se gabam de ter servido no Corpo de Fuzileiros Navais dos Estados Unidos muito tempo depois de seu serviço ter sido concluído. As pessoas dizem com orgulho aos outros que trabalham na IBM, AT&T, Sony, Toyota ou outras empresas de prestígio.

Como podemos desenvolver esse sentimento de pertença em nosso pessoal? Os bons gerentes desenvolvem espírito de equipe ao manterem os objetivos de forma clara diante de seu pessoal e ao fazerem com que os funcionários participem na determinação da forma como vão cumprir esses objetivos. Ao envolver as pessoas nas decisões que afetam seu trabalho, estas sentem que são importantes para o departamento e isso solidifica seu comprometimento. Ao estarem entusiasmadas com seu trabalho, estarão motivadas para fazer o melhor.

O entusiasmo ardente, apoiado pelo bom senso e pela persistência, é a qualidade que contribui com mais frequência para o sucesso.

DALE CARNEGIE

Tratamento justo

As políticas e os procedimentos devem ser estabelecidos, comunicados de forma clara aos empregados e administrados de uma maneira coerente. Tanto Cindy quanto Sandy têm problemas de atraso. A chefe gosta de Cindy, mas não tanto de Sandy. Ela aplica a ação disciplinar por atraso para Sandy, mas deixa Cindy escapar com uma leve advertência. Não apenas Sandy ficará chateada, como as outras pessoas no departamento vão considerar isso injusto. As pessoas que cometem os mesmos erros devem receber tratamento igual.

As pessoas reagem emocional, e não racionalmente, quando o próprio interesse está em jogo. O desejo pelo tratamento justo está muito enraizado na composição emocional das pessoas. O favorecimento é o maior desmoralizador. Ele destrói o sentimento de segurança nos outros, que temem que seus próprios esforços e valor não estejam sendo reconhecidos.

Oportunidade de expressar ideias

Billy nunca se esqueceu do primeiro chefe. "Tive uma grande ideia que poderia aumentar a produção em meu departamento. Fui todo animado até o chefe para lhe falar sobre isso. Ele nem sequer ouviu. Ele disse: 'Você é pago para trabalhar e não para pensar. Volte para sua máquina.' Nunca sugeri outra ideia enquanto estive naquele emprego."

As pessoas que cumprem expediente no local de trabalho têm uma grande visão sobre a operação e muitas vezes propõem boas sugestões. Todos nós somos mais criativos do que achamos. Devemos tornar um hábito a prática de incentivar o nosso pessoal a fazer sugestões e levar cada uma dessas a sério. E, se alguma sugestão não for aceitável, explique o porquê, mas nunca a ignore.

Os empregados devem se sentir à vontade para discutir seu progresso pessoal com o gerente. Alguns supervisores erguem inadvertidamente uma barreira entre eles e seu pessoal, de modo que os funcionários não se sentem confortáveis em abordá-los. Nem sempre é possível perceber isso, mas, se os funcionários quase nunca procuram seu superior com problemas, não significa que não haja nenhum. É mais provável que os empregados não se sintam à vontade para discuti-los com o chefe.

O que deixa o empregado satisfeito

Vamos dar mais uma olhada em alguns dos fatores que os empregados buscam no emprego:

Reconhecimento e valorização

Conforme observado acima, o reconhecimento é um fator-chave. Isso foi reforçado por um relatório da Society for Human

Resource Management (SHRM), maior associação de gerenciamento de RH do mundo, com base em uma pesquisa do Instituto Gallup com quatrocentas empresas. O relatório confirmou que o relacionamento do empregado com o chefe direto é um fator mais importante para sua permanência no emprego do que salário ou benefícios empregatícios. A liderança justa e inspiradora, incluindo treinamento (*coaching*) e tutela, retém os empregados. Uma outra pesquisa do Instituto Gallup revelou que um indicador-chave da satisfação e da produtividade do empregado é a sua convicção de que o chefe se preocupa com ele e é confiável.

Algumas pessoas são estimuladas mais por outras formas de incentivo do que por dinheiro. Em um estudo do Employee Retention Headquarters (Sede da Retenção do Empregado), a valorização e o envolvimento são citados mais do que o dinheiro no que diz respeito ao que mantém os empregados felizes. Eles precisam ser convencidos, de forma verbal e não verbal, de que a gerência respeita sua posição e de que eles são importantes para o sucesso da organização. Eles gostam de celebrar marcos e vitórias, tanto na esfera pública quanto na particular, verbalmente e por escrito, com prontidão e sinceridade.

O trabalho estimulante e gratificante

Em outubro de 2003, no boletim informativo da American Society for Training & Development (ASTD) [Sociedade Americana para Treinamento e Desenvolvimento], foi relatado que, para a maioria dos trabalhadores dos dias de hoje, o trabalho estimulante e gratificante é mais importante do que salário e promoção. É difícil definir um valor para o entusiasmo e a emoção por um emprego. Os gerentes que promovem o envolvimento dos empregados, e os incluem na fase inicial dos projetos, obtêm ideias mais criativas e fazem com que os empregados tenham maior orgulho e interesse nos resultados. Os empregados que participam ativamente na tomada de decisões, em um amplo prisma de questões, ajudam a criar um ambiente do qual eles gostam e no qual querem permanecer.

Um plano de carreira definido e oportunidades de crescimento

Ao oferecer oportunidades de crescimento, tanto pessoal quanto profissionalmente, os empregados ficam menos propensos a procurar emprego em outro lugar. Oferecer oportunidades de treinamento relacionadas ao desenvolvimento de novas habilidades e ao desenvolvimento de carreira é um indício de que um gerente está disposto a investir no empregado. Isso é decisivo para sua retenção. Incentivar os empregados a ingressar em associações profissionais, pagando-lhes a taxa de adesão, além de cobrir os custos necessários para participar de almoços e conferências, incluindo nesse quesito o tempo de ausência da empresa para tais eventos, motiva os empregados. As empresas com uma taxa elevada de retenção detêm a reputação de contratar a partir de dentro da própria empresa. Um plano de carreira aprovado de comum acordo conquista o comprometimento dos empregados e assegura a aceitação deles em relação aos objetivos e à direção da organização.

Gerentes que respeitam uma vida equilibrada

As organizações que colocam em prática a ideia de uma vida equilibrada têm maior retenção de funcionários em comparação com aquelas que acreditam que o empregado deve comer, respirar e dormir em função do trabalho. O reconhecimento e o respeito à importância da família e da vida pessoal dos empregados evitam esgotamentos e consolidam a fidelidade. De acordo com a Society for Human Resource Management (SHRM), os empregadores precisam estar a par das questões ligadas à qualidade de trabalho e à vida privada. Eles devem estar dispostos a oferecer horários flexíveis e a ter sensibilidade quanto às questões desafiadoras, tais como dupla jornada de trabalho, creche para os filhos e assistência aos pais.

Remuneração e benefícios competitivos

O dinheiro é importante, mas é menos importante do que imaginamos. Os empregados esperam ser pagos de forma justa e competitiva. Eles se sentem no direito de ter os benefícios-padrão em relação a seguros de saúde e planos de aposentadoria. Em um levantamento, 92% dos entrevistados indicaram que um aumento anual de salário de US$10.000 não iria levá-los a mudar de empregadores caso eles estivessem recebendo treinamento (*coaching*) de desenvolvimento pessoal e profissional.

> Só há uma maneira [...] de conseguir que alguém faça qualquer coisa. E esta é fazer com que a outra pessoa queira fazer isso.
>
> DALE CARNEGIE

Motivação para o desempenho máximo

A primeira função como gerente ou líder é desenvolver as habilidades e capacidades de cada um dos funcionários, de modo que eles possam desempenhar com capacidade máxima. A melhor maneira de começar é aprender sobre as particularidades de cada pessoa.

Podemos achar que tudo o que precisamos saber sobre os funcionários é a forma como eles fazem o seu trabalho. Errado! Para conhecer os membros da equipe é necessário mais do que apenas conhecer suas habilidades para o trabalho, que é uma parte importante mas apenas uma parcela da composição total. Aprenda sobre o que é importante para os funcionários: suas ambições e seus objetivos, família, principais preocupações, em outras palavras, o que os faz vibrar.

Método de operação

Cada pessoa tem uma maneira própria de realizar o trabalho e de viver sua vida. Este é o "M.O." (Método de Operação) de cada um. Estude a forma de operar de cada um dos membros da equipe e descubra seu M.O. Por exemplo, pode-se observar que uma pessoa sempre pondera um assunto antes de comentá-lo. Já outra pode reler várias vezes tudo o que desenvolveu para um determinado trabalho antes de começar um novo. Ter consciência desses estilos de trabalho ajuda a compreender as pessoas e permite que se trabalhe com elas de forma mais eficaz.

Pode-se aprender muita coisa sobre os colegas observando e ouvindo. Ouça quando eles falam: ouça o que dizem e o que não dizem. Ouça quando eles falam com os outros. Espionar pode não ser educado, mas permite aprender um bocado. Observe como os funcionários fazem o seu trabalho e a forma como agem e reagem. Não vai demorar muito para identificar do que eles gostam e do que não gostam, peculiaridades e excentricidades. Ao ouvir, pode-se aprender sobre as coisas que são importantes para cada um deles e conhecer os "botões mágicos" que podem torná-los motivados ou desinteressados.

Para obter o máximo de cada um dos empregados, devemos entendê-los como seres humanos e trabalhar com eles como indivíduos, de modo a ajudá-los a assumir e cumprir compromissos para um desempenho ainda melhor do que o produzido até então.

Conforme observado acima, devemos reconhecer que os seres humanos não são iguais e devemos lidar com cada um deles de acordo com sua individualidade, em vez de levar todos a fazer a mesma coisa da mesma maneira. Vamos pegar a palavra "PEOPLE": ao separar cada uma das letras, é possível se obter algumas dicas de como alcançar o nosso objetivo de um melhor desempenho por meio do nosso pessoal.

Personalidade

Cada pessoa tem uma personalidade própria. Um gerente deve reservar um tempo para conhecer a forma como cada um dos funcionários age e reage, o que os motiva ou desmotiva, o que de fato é motivo de preocupação para eles. Um dos grandes erros cometidos por muitos supervisores é tentar tratar todos os funcionários da mesma maneira. Algumas pessoas precisam de muita atenção, enquanto outras consideram a atenção como intromissão ou condescendência. Há pessoas que precisam de reforço constante, já outras precisam apenas de um tapinha nas costas de vez em quando.

(Características) Excepcionais

Procure por aqueles traços que fazem cada um se destacar dos demais. Laurie é muito criativa. Em seu tempo livre, ela desenha, faz esculturas e escreve poesias. Como isso pode ajudar no trabalho? Ao recorrer à criatividade, Laurie pode lidar com projetos difíceis ou contribuir com ideias e sugestões que podem ajudar a solucionar problemas no trabalho. Gary é um perfeccionista. Seu trabalho pode ser lento, mas está sempre correto. Ele será aproveitado de forma mais efetiva se lhe designarmos tarefas em que a qualidade é primordial.

Oportunidade

O trabalho de Claudette era bem entediante. Mas seu chefe identificou que ela estava ansiosa para aprender e, se pudesse visualizar a forma como a atividade poderia levá-la a algo mais desafiador, daria tudo de si. Ao dar a Claudette a oportunidade de aprender sobre as outras funções no departamento, ele foi capaz de treiná-la e prepará-la para outras posições e, assim, incentivá-la a aprender e a crescer.

As oportunidades não ficam limitadas a uma possível promoção no emprego. Há pessoas que não querem a responsabilidade dos cargos de supervisão e gerência, mas buscam oportunidades para expandir seu conhecimento ou realizar um trabalho mais interessante para elas. David se considerava uma pessoa "sociável". Relaciona-se bem com os outros, mas, em sua atividade como contador, passa grande parte do tempo trabalhando sozinho. Ao dar a David a oportunidade de treinar as outras pessoas do departamento — para ensiná-las sobre os vários procedimentos da empresa — e de conduzir periodicamente reuniões de departamento, seu entusiasmo pelo trabalho aumentou e seu desempenho global foi aprimorado.

Participação

As pessoas que trabalham dentro de uma empresa têm uma visão muito mais clara sobre como um trabalho deve ser feito do que podemos imaginar. Quando um novo procedimento deve ser desenvolvido ou um novo projeto planejado, faça com que as pessoas que vão realizar a tarefa participem na determinação de como esta deve ser feita. Como gerente do departamento, Kathy achava que sabia exatamente como o novo projeto deveria ser planejado. Afinal de contas, tinha anos de experiência nesse trabalho. No entanto, em vez de conceber o plano e, depois, dizer aos membros da equipe como este deveria ser feito, ela os trouxe para participar das fases iniciais do procedimento de planejamento. Eles não apenas vieram com algumas ideias excelentes que Kathy não havia considerado, como também, uma vez que participaram do planejamento propriamente, sentiram-se comprometidos em trabalhar duro de modo a assegurar que este fosse bem-sucedido.

Liderança

Bons líderes não estabelecem objetivos para os funcionários nem dizem como alcançá-los. Bons líderes trabalham com a equipe para incentivá-la a estabelecer seus próprios objetivos e fornecem para seu pessoal as ferramentas necessárias para alcançar as metas.

Fred era um homem inteligente e bom trabalhador, mas Paul, seu chefe, achava que ele podia fazer um uso mais proveitoso de sua capacidade. Fred tinha medo de tomar a iniciativa em qualquer projeto e constantemente vinha até Paul para obter instruções. Para ajudá-lo a superar esse medo, Paul começou a dar a Fred pequenos projetos e tornou-o responsável por suas conclusões. Ao aumentar pouco a pouco a complexidade dessas atribuições, Paul ajudou Fred a desenvolver a autoconfiança de que ele precisava para de fato ter um excelente desempenho.

Expectativas

Deixe que as pessoas saibam que esperamos um alto desempenho. Não fique satisfeito com trabalho medíocre. Muitos gerentes ficam satisfeitos quando a equipe cumpre padrões mínimos. Isso pode ser aceitável quando um negócio está florescendo, mas, quando as empresas têm que lutar para sobreviver, é necessário mais do que simplesmente cumprir padrões. O nosso pessoal deve ser incentivado a tentar melhorar cada vez mais.

Recompensas para metas atingidas ajudam com frequência. Mary Kay Ash, fundadora da empresa de cosméticos Mary Kay, atribui o grande sucesso da empresa à prática de fazer seus colaboradores estabelecerem, de forma constante, expectativas cada vez maiores e, por consequência, de recompensá-los de alguma forma quando tais metas são cumpridas.

Quando se espera que as pessoas, por parte de seus chefes, familiares e, o que é mais importante, por conta própria, continuem a melhorar seu desempenho, nada pode impedi-las de se tornarem verdadeiras empreendedoras.

Conhecer os funcionários, trabalhar com eles e utilizar seus pontos fortes são práticas que resultarão na eficácia coletiva do departamento e em um desempenho mais elevado para a organização.

Dinheiro como um fator de motivação

Aqui vai uma pequena lição sobre lógica:
- A: Quanto mais dinheiro ganhamos, mas felizes ficamos.
- B: Quanto mais trabalho produzimos, mais dinheiro ganhamos.

Portanto:
- C: As pessoas vão se esforçar para produzir mais, ganhar mais e, assim, ficar mais felizes.

Mas isso é verdade? Às vezes, mas nem sempre. Supondo-se que as assertivas A e B sejam verdadeiras, a C deveria, pela lógica, ser verdadeira. Certo? Às vezes sim, mas muitas vezes não.

Vamos ver por que o dinheiro nem sempre é o fator de motivação que, pela lógica, aparenta ser.

Fatores de Motivação vs Fatores de Satisfação

Uma equipe de cientistas comportamentais, liderada por Frederick Herzberg, estudou o que as pessoas querem de seus empregos e classificou os resultados em duas categorias:

1. *Fatores de Satisfação* (também denominados fatores de manutenção): são aqueles necessários em um emprego para que justifique um esforço mínimo por parte das pessoas.

   Esses fatores incluem condições de trabalho, dinheiro e benefícios. Depois que os empregados ficam satisfeitos, no entanto, dar-lhes apenas mais dos mesmos fatores não vai motivá-los a trabalhar mais. Muitos dos fatores que a maioria das pessoas considera como motivadores são, na verdade, apenas fatores de satisfação.
2. *Fatores de Motivação*: são aqueles que estimulam as pessoas a empregarem mais energia, esforço e entusiasmo no emprego. Esses fatores fazem com que as pessoas realmente se mexam.

   Para ver como esse conceito funciona no local de trabalho, suponha que trabalhamos em um estabelecimento com condições de trabalho consideradas inadequadas, em que a iluminação é fraca, não há boa ventilação e o espaço é apertado. E a produtividade, claro, é baixa.

   Em poucos meses, a empresa se muda para novas instalações, com excelente iluminação, ar-condicionado e muito espaço, e a produtividade dispara.

   O CEO da empresa está exultante. Ele diz aos diretores: "Encontrei a solução para a alta produtividade: ao oferecermos melhores condições de trabalho às pessoas, elas produzem mais. Então, vou tornar as condições de trabalho ainda melhores." Ele contrata um decorador e providencia a instalação de um novo carpete, quadros na parede e plantas espalhadas pelo escritório. Os empregados ficam encantados. É um prazer trabalhar naquele ambiente, mas a produtividade não aumenta de todo.

Por que não? As pessoas buscam um nível de satisfação no emprego e, neste caso, boas condições de trabalho. Quando o ambiente de trabalho se tornou aceitável, os empregados ficaram satisfeitos e isso foi demonstrado através da produtividade. Depois que as condições de trabalho corresponderam ao nível de satisfação dos empregados, no entanto, novas melhorias não lhes proporcionaram motivação.

Então o que isso tem a ver com dinheiro?

O dinheiro, assim como as condições de trabalho, é um fator de satisfação. Podemos presumir que oferecer mais dinheiro gera uma produtividade maior. E provavelmente estamos certos, mas para a maioria das pessoas, e não para todo mundo. Os programas de incentivo, através dos quais se dá às pessoas a oportunidade de ganhar mais dinheiro ao produzirem mais, fazem parte dos planos de remuneração de muitas empresas. Tais programas funcionam para algumas pessoas, mas não para outras.

O departamento de vendas é um bom exemplo. Pelo fato de o pessoal de vendas normalmente trabalhar com comissão ou incentivo com base, eles estão em uma posição invejável de quase nunca ter que pedir aumento de salário. Se os vendedores quiserem ganhar mais dinheiro, tudo o que devem fazer é trabalhar mais ou melhor e fazer o tanto de dinheiro que querem. Por consequência, todos os vendedores são muito ricos. Certo? Errado!

Como pode essa lógica não funcionar? Os gerentes de vendas se queixam desse problema desde o início dos tempos. Eles dizem: "Temos um programa de incentivo excelente, e o dinheiro está lá para a equipe de vendas. Tudo o que os vendedores têm que fazer é estender a mão, mas eles não estendem. Por que não?"

Precisamos investigar a fundo a psique humana para uma resposta. Todos nós definimos níveis salariais pessoais, seja consciente ou inconscientemente, em que atingimos a satisfação. O dinheiro, de fato, nos motiva até alcançarmos aquele ponto. Porém, ao passar dele, o dinheiro deixa de nos motivar. Esse nível varia de forma significativa de pessoa para pessoa.

Algumas pessoas definem esse ponto em um patamar bem alto, e o dinheiro é um grande motivador para elas, já outras se contentam em níveis mais baixos. Isso não significa que não queiram aumento anual ou gratificações, porém, se esse dinheiro extra exigir esforço especial ou inconveniência, elas acabam não fazendo questão.

Por exemplo, vamos supor que Derek esteja no grupo de produção e que seu salário seja 40% menor do que o de seu superior. Sua esposa trabalha, mas, pela natureza desse trabalho, não recebe muito. Derek dirige um carro de 12 anos e compra roupas em lojas populares. Durante as férias, as únicas e eventuais viagens que fez com a família foram para campings. Os colegas sentem pena dele. Mas agora surgiu uma oportunidade de ajudar. Precisa-se de vários empregados para um projeto especial a ser feito durante os próximos seis sábados com o valor de hora extra em dobro. Quando perguntado se estava a fim, Derek respondeu "não", e ninguém entendeu por quê. Para seu chefe, faria todo o sentido que ele ficasse ansioso para ganhar mais dinheiro, mas ele já havia atingido seu nível de satisfação. Para Derek, ter o sábado livre para estar com a família era mais importante do que a oportunidade de ganhar mais dinheiro.

Esse exemplo não significa que o dinheiro não motiva. A oportunidade de ganhar dinheiro motiva a todos até o ponto em que ficam satisfeitos. Algumas pessoas, como Derek, se contentam com níveis mais baixos. Contanto que consigam suprir as necessidades básicas, outras coisas são mais importantes para elas do que dinheiro. Para outros, esse patamar é muito alto, e eles se esforçam para continuar a fazer mais dinheiro.

Ao aprender o máximo possível sobre os funcionários, adquire-se conhecimento sobre seus interesses, objetivos e estilo de vida, e o nível de rendimento em que ficam satisfeitos. É inútil oferecer oportunidade de fazer mais dinheiro como incentivo às pessoas que não se importam com isso. É importante encontrar outras formas de motivá-las.

Benefícios: Fatores de Motivação ou Satisfação?

Os benefícios são importantes na maioria das empresas. Tais empresas fornecem alguma forma de plano de saúde, seguro de vida, vales e outras vantagens aos empregados. De fato, o pacote de benefícios é um dos fatores que os potenciais empregados buscam quando avaliam uma oferta de emprego, mas não um fator motivador. Conhecemos alguém que tenha trabalhado duro em função de a empresa ter introduzido um plano odontológico?

Os benefícios são Fatores de Satisfação. Os bons benefícios atraem pessoas para trabalhar em uma empresa, e também impedem que elas peçam demissão.

Manter os empregados felizes não é o suficiente. O desafio é desenvolver padrões altos de desempenho que os desafiem e os motivem a se esforçar para atingir determinadas metas. Alguns desses Fatores de Motivação são:

Reconhecimento

Os seres humanos anseiam por reconhecimento. As pessoas gostam de que os outros saibam quem elas são, o que querem e no que acreditam. O reconhecimento começa quando aprendemos e usamos o nome das pessoas. É claro que conhecemos o nome dos homens e das mulheres que fazem parte do grupo, mas, muitas vezes, coordenamos trabalhos com outros grupos, com fornecedores internos e externos, subcontratados e clientes. Todo mundo tem um nome. Aprenda o nome daquelas pessoas e utilize-o. É o primeiro passo para reconhecer a individualidade de cada pessoa.

Lembre-se de que o nome de uma pessoa é, para ela, o som mais doce em qualquer idioma.

DALE CARNEGIE

O reconhecimento não se limita ao uso de um nome. Na entrevista de desligamento, depois de pedir demissão da Building Maintenance Company, perguntaram a Warren o que mais e o que menos gostava em relação à empresa. Ele respondeu que, embora o salário e os benefícios fossem bons, nunca havia se sentido como parte da organização. "Sempre senti que eu era visto como nada além de uma engrenagem na máquina", disse ele. "Durante os nove meses em que trabalhei no departamento, fiz várias sugestões, me ofereci para assumir projetos extras e tentei aplicar abordagens criativas a alguns trabalhos que me foram designados. Meu chefe não reconhecia tudo aquilo com que eu poderia ter contribuído."

Mostre que nos importamos

Da mesma forma que temos uma vida fora da empresa, os funcionários também têm. Um emprego é uma parte importante na vida das pessoas, mas há muitos aspectos da vida que podem ser da maior importância: saúde, família e interesses externos, por exemplo. Mostre um interesse sincero no funcionário como uma pessoa por inteiro.

Virginia, a contadora-chefe de uma sociedade de crédito imobiliário em Wichita, no estado de Kansas, faz questão de dar as boas-vindas na volta dos funcionários que estiveram de férias ou ausentes por vários dias por motivos de doença. Ela lhes pergunta sobre suas férias ou seu estado de saúde e os coloca a par das novidades da empresa. Faz com que eles percebam que ela sentiu falta deles, e isso é visto de forma sincera porque ela realmente sentiu falta deles.

Jacob, que é avô, percebe que os filhos são o centro da maioria das famílias. Ele tem um interesse real nas atividades dos filhos dos colegas e inclusive acompanha os funcionários em eventos escolares dos quais os filhos participam. Algumas pessoas podem considerar essa situação paternalista ou intrometida, mas a verdadeira preocupação de Jacob denota um interesse positivo e ajuda a reunir os membros da equipe em uma família trabalhadora.

Elogie

"Por duas vezes fiz o bem e nunca ouvi nada
Uma única vez fiz o mal e ouvi sempre"

Há supervisores que nunca elogiam seu pessoal. Eles acreditam que as pessoas devem fazer um bom trabalho e não precisam ser elogiadas por fazer o que é esperado delas. Um supervisor linha-dura se vangloriava: "Nunca elogio as pessoas. Elas sabem que estão fazendo certo se as deixo sozinhas. Se tenho de falar com elas, é porque estão em apuros."

Os seres humanos anseiam por elogios. Todos nós queremos saber que os outros reconhecem as nossas realizações e as nossas conquistas. Isso é especialmente importante quando o elogio vem do supervisor ou de alguém que respeitamos.

O elogio deve ser sincero

Carol estava prestes a sair da sala para participar de uma reunião. Ela parou quando chegou à porta, virou-se, e disse "Pessoal, quero que saibam que vocês estão fazendo um excelente trabalho", sorriu e saiu da sala. Na reunião, contou aos colegas como, ao sair, levantou o astral do departamento por meio de uma observação.

De volta ao departamento, a equipe a encarou de forma bem diferente. Um dos funcionários comentou em voz alta com os outros: "Ela nos dá um reforço positivo apenas uma vez por mês." O que Carol presumiu que fosse uma maneira de levantar o moral foi percebido pela equipe como uma atitude dissimulada. O elogio tem que ser sincero, e, claro, não podemos fingir sinceridade.

Uma das maneiras de tornar o elogio verdadeiramente sincero é incorporar o motivo para tal no próprio elogio. Em vez de dizer "Bom trabalho, Joe", é muito mais eficaz dizer: "Joe, o modo como você tratou aquela queixa do cliente é um bom exemplo do profissionalismo que queremos ver no departamento."

Combinação de crítica com elogio

Quando um empregado tem que ser criticado, muitos supervisores encaixam a crítica no elogio. Pressupõe-se com isso tornar a crítica mais palatável. Muitas vezes, isso de fato reduz o ressentimento que em geral acompanha a censura. Entretanto, se os elogios vêm sempre acompanhados de alguma forma de comentário negativo, o elogio perde a razão de ser. Quando o supervisor começa o elogio, o empregado pensa: "OK, o que é que vem dessa vez?"

Normalmente, a conversa se desenrola da seguinte maneira: "Sam, você é um dos trabalhadores mais rápidos, e eu aprecio isso, *mas* você comete muitos erros..." No momento em que Sam ouve a palavra "mas", sua mente bloqueia o elogio. Ele sabe que as próximas palavras servirão para criticar.

Barry evita isso ao substituir o "mas" pelo "e": "Sam, você é um dos nossos trabalhadores mais rápidos. Aprecio isso, *e* você poderia se tornar ainda mais eficaz se melhorasse a qualidade do trabalho. Vamos ver o que podemos fazer juntos para ajudá-lo nisso."

A palavra "e" não tem a conotação negativa do "mas". O empregado ainda guarda o brilho do elogio e está aberto a sugestões para sua melhoria.

Medo de elogiar

Alguns gerentes comentam: "Se elogio trabalhadores que estão realizando um bom serviço com mais frequência do que outros, isso não será considerado favoritismo?" Não necessariamente. Quando o reconhecimento é claramente merecido, e estendido a todos que o merecem, isso não é favorecimento. Aqueles que não são elogiados devem perceber que não fizeram por merecer.

Outra preocupação: "Quando o desempenho de uma pessoa melhora de forma significativa, é justo fazer a ela um elogio maior do que a alguém que tenha feito um bom trabalho o tempo todo?"

Elogio excessivo pode despertar ressentimento naqueles funcionários que sempre tiveram um desempenho desejado pela empresa. Da mesma forma, o reconhecimento excessivo pode transmitir a ideia de que esperamos que a realização excepcional se torne rotina. Temos que ajustar o modo como elogiamos às necessidades do funcionário. Quando aquela pessoa alcança o padrão esperado, elogie-a pela realização e ressalte que isso é o que os outros bons trabalhadores estão fazendo e que você aprecia isso. Tome essa atitude na frente dos colegas, de modo que todos saibam que esse elogio tem como base o nível atingido e que não se trata de elogio por trabalho excepcional. É natural que as pessoas que fazem ainda melhor recebam reconhecimento especial.

Os gerentes perguntam: "As pessoas devem ser elogiadas ao desempenharem um trabalho comum de forma consistente?" Todo mundo precisa de elogio, mas dar reconhecimento especial para desempenho de rotina é autodestrutivo. Isso não incentiva a pessoa a melhorar. De vez em quando, o supervisor pode cumprimentá-la por alguma realização específica ou comentar sobre sua boa assiduidade. Isso não deve ser feito de forma regular, pois, do contrário, perde o valor. O elogio nunca deve ser feito mediante uma programação, como por exemplo: "Hoje é dia 14, meu dia de elogiar Kathy", e sim em um momento em que as circunstâncias justifiquem.

Comunicar o elogio

Seja imediato: o melhor momento para elogiar é na hora em que ocorre o acontecimento digno de elogio. Quando Alice apresentou seu relatório ao chefe, este a cumprimentou no mesmo instante por ela tê-lo concluído antes do prazo final.

Depois de ler o relatório, o chefe a elogiou mais uma vez pelo conteúdo. Seja específico. Conforme mencionado antes, incorpore o motivo pelo qual estamos elogiando a pessoa ao próprio elogio.

Descreva seu valor para a organização: "O fato de nos adiantarmos ao prazo final vai nos permitir completar aquele projeto e solucionar o problema do nosso cliente a contento." Incentive a equipe a manter o bom trabalho. "Fizemos um grande progresso neste trabalho e sei que vamos continuar usando nossas excelentes habilidades para atingir os nossos objetivos."

Dê a eles algo para ser guardado

Dizer às pessoas que apreciamos o que elas têm feito é uma grande ideia, mas escrever é ainda mais eficaz. A aura do elogio oral desaparece gradualmente, ao passo que uma carta ou mesmo uma simples nota perdura. Não precisamos gastar muito dinheiro. Não leva tanto tempo.

Escreva cartões de agradecimento
Na empresa A&G Merchandising, em Wilmington, estado de Delaware, os líderes de equipe recebem pacotes de cartões de "agradecimento" em que a palavra *Obrigado(a)* vem impressa em uma caligrafia elegante na aba frontal e a parte interna do cartão vem em branco. Sempre que alguém faz algo digno de um reconhecimento especial, o gerente daquela pessoa escreve uma nota em um dos cartões detalhando a realização específica e parabenizando o empregado por conquistá-la. Os destinatários prezam os cartões e os mostram aos amigos e familiares.

Placas e certificados

Não importa o tipo de prêmio dado aos empregados, se grande ou pequeno (dinheiro, mercadoria, ingresso para um show ou evento esportivo, ou uma viagem a um resort, por exemplo), vale a pena gastar um pouco mais de dinheiro para incluir um certificado ou placa. Os empregados adoram pendurar essas lembranças em sua sala ou em seu escritório, sobre a bancada de trabalho ou em sua casa. O dinheiro é gasto, a mercadoria se desgasta, a viagem se torna uma memória longínqua, mas o certificado ou a placa são lembranças permanentes do reconhecimento.

Motivando empregados periféricos

Quem são nossos trabalhadores periféricos? São indivíduos que atendem aos nossos padrões mínimos de desempenho, mas quase nunca os excedem. Não chegam a ser ruins o suficiente para uma demissão, mas não são de fato autossuficientes. Motivar esses indivíduos é um grande desafio para os líderes. Quais são as razões de termos trabalhadores periféricos em nossas organizações?

Seleção equivocada

Debbie, uma funcionária de introdução de dados, é uma trabalhadora periférica. Como os funcionários de introdução de dados estavam em falta, sua chefe, Barbara, contratou Debbie, apesar de ela não ter atendido às exigências do cargo. Embora Debbie ainda estivesse abaixo do desempenho esperado quando completou o período de experiência, Barbara decidiu mantê-la. "Pelo menos alguém está operando aquele computador", justificou, "e vou continuar trabalhando com ela e torná-la produtiva."

Seis meses depois, apesar do treinamento e da orientação (*coaching*) adicional, Debbie ainda mal atende aos padrões de produção. Ela não tem a capacidade nata para ser verdadeiramente produtiva.

A seleção equivocada é uma das maiores razões para a produção periférica. Estabelecer exigências realistas de emprego e não se comprometer no ato da contratação de pessoas, mesmo em momento de desespero para preencher a vaga, aumentam muito as chances de selecionar pessoas que serão bem-sucedidas no emprego.

No entanto, independentemente de os procedimentos da seleção terem sido adequados, podem-se cometer erros e a pessoa contratada não atingir o nível pretendido. É por isso que o período de experiência é tão importante. Durante tal período, o supervisor deve certificar-se de que o novo trabalhador sabe o que se espera que ele faça e que conhece os padrões a serem cumpridos. Deve ser feito todo esforço para ajudar esse indivíduo a cumprir esses padrões por meio de treinamento, orientação (*coaching*) e atenção especial.

Seja paciente. Às vezes, o motivo da produção periférica não é a incapacidade, mas a falta de compreensão do que é para ser feito. Ao desenvolver um programa de treinamento para novos funcionários, defina padrões específicos e cronogramas. Certifique-se de que o aprendiz esteja familiarizado com eles. Se os padrões não forem atendidos no tempo especificado, devemos trabalhar com o aprendiz para superar os problemas que possam ter causado isso.

Todo esforço deve ser feito para salvar o aprendiz, mas, se ele fracassar, não mantenha uma pessoa que mal atenda aos padrões mínimos. Depois de completado o período de experiência, fica muito mais difícil dispensar um trabalhador periférico.

Bons trabalhadores cujo desempenho sofre declínio
Phil está na empresa há seis anos. Sua produção sempre esteve bem acima do padrão mínimo, e a supervisora, Lil, considerava-o

um de seus melhores funcionários. Há poucos meses, a produção de Phil começou a cair. Ele parecia ter perdido o interesse no trabalho.

Por que isso acontece com pessoas como Phil? Às vezes, a causa são problemas pessoais. A vida pessoal e a vida profissional não podem ser separadas. Se houver sérios problemas em casa, estes vão afetar o nosso trabalho.

Às vezes, a causa é uma insatisfação real ou perceptível. Algumas pessoas guardam para si suas insatisfações, e isso vai consumi-las, a menos que ponham para fora e as apresentem.

Em uma conversa com ele, Lil soube que Phil tinha estabelecido determinados objetivos para si e que não estavam sendo alcançados naquela função. Embora seu trabalho fosse elogiado e suas avaliações fossem excelentes, ele não havia chegado à posição que esperava nesse estágio de sua carreira.

A supervisora deve ter conhecimento dos objetivos dos funcionários e fazer o que puder para ajudá-los a atingi-los. Deixe o empregado saber o que ele deve fazer para atingir os próprios objetivos, incluindo a manutenção de um alto nível de desempenho e o treinamento adicional no próprio local de trabalho ou através de aprimoramento externo, e aponte quanto tempo deve levar para alcançar aquela meta. Se não for possível para o empregado atingir seus objetivos nesse cargo, o supervisor e o empregado devem, em conjunto, determinar a forma como eles podem ser modificados para que possam ser alcançados no trabalho.

Tédio

Por anos Ann foi uma das funcionárias com o melhor desempenho no departamento, mas agora estava entediada. Ela fez o mesmo trabalho por tanto tempo que já não gostava mais de fazer a mesma coisa. Ela encontrava todas as desculpas para tirar folga. Quando estava no ambiente de trabalho, fofocava com os colegas, prolongava seus intervalos e produzia o mínimo possível para poder ir embora.

Uma das formas que um supervisor pode ajudar trabalhadores anteriormente produtivos a retornarem à produtividade é enriquecer o trabalho combinando funções que eram desempenhadas por várias pessoas em um único trabalho, de modo que cada trabalhador faça um trabalho mais diversificado. Outra forma é reestruturar a maneira com a qual o trabalho é feito. Esta é obtida com maior eficácia quando o trabalhador participa da reestruturação. As pessoas que conhecem o trabalho que realizam podem, muitas vezes, sugerir ideias para tornar o trabalho mais interessante e eficaz. Outra abordagem para aliviar o tédio é atribuir projetos especiais ao trabalhador. A mudança de ritmo é um bom antídoto para acabar com esse problema.

Veteranos

Michael está na empresa há 22 anos e, em sua atual posição, há oito. Ele é feliz no trabalho, mas também reconhece que, graças à natureza de sua função e da estrutura organizacional da empresa, é improvável que venha a ser promovido. Seu trabalho é bom, e Michael sabe que, a não ser que faça algo drástico, nunca será demitido. Assim, consciente ou inconscientemente, ele decidiu que não fazia sentido sair do emprego. Vai simplesmente se acomodar e esperar até a aposentadoria.

A maioria das empresas tem certo número desses tais "veteranos". Eles são bons trabalhadores e podem contribuir com a produtividade, mas acham que já fizeram sua parte. Como podemos motivar novamente essas pessoas?

A Associated Products usa "veteranos" para testar novos produtos. Quando a empresa está pronta para lançar uma nova linha, testa o mercado em cidades-chave. Em vez de usar uma empresa de teste de marketing, ela destina o teste a alguns dos "veteranos". O envolvimento em uma função nova e importante mostra a eles que são respeitados, além de lhes dar uma oportunidade de fazer algo novo e diferente. O estímulo é percebido quando eles retornam ao seu trabalho cotidiano.

Outras empresas utilizam esses trabalhadores de longa data como treinadores e orientadores para os funcionários novos. Dar a eles esse tipo de responsabilidade torna-os mais dedicados ao trabalho e à empresa e pode convertê-los de trabalhadores periféricos para membros produtivos da equipe da empresa.

"Meu pessoal não pode se importar menos com o emprego. Se eu não cobrar o tempo todo, nada é realizado", suspirou Al.

"Não tenho esse problema de jeito nenhum", retrucou Carl. "Minha equipe está sempre disposta a colocar em prática todo esforço necessário para realizar o trabalho."

Qual é o motivo para que tais atitudes dos funcionários de cada um desses gerentes sejam opostas? Por que o grupo de Carl é muito mais motivado do que o de Al? Pode ser o estilo de gerenciamento do supervisor ou pode ser o trabalho em si.

Os cientistas comportamentais em geral concordam que — embora a motivação dos empregados seja reforçada por fatores como reconhecimento, apreciação, desafio e, claro, tratamento justo — o fator de motivação mais eficaz de todos é o trabalho propriamente dito. Se os funcionários de Al acham o emprego entediante e sem desafios, mesmo que seja um bom supervisor, Al vai passar por um tempo difícil para motivá-los. Por outro lado, se os funcionários de Carl gostam tanto do trabalho a ponto de esperar com ansiedade cada manhã para ir trabalhar e detestam a hora de ir embora ao fim do dia, resta a Carl pouca coisa a fazer para mantê-los motivados.

Enriqueça a função
Infelizmente, hoje, um grande porcentual de empregos na indústria é composto por meros trabalhos de rotina, e é difícil, se não impossível, gerar empolgação em relação a eles. Uma das maneiras de superar isso é enriquecer a função.

Quando Jennifer foi contratada para chefiar o SAC da empresa Liability Insurance Company, ela herdou um departamento com o moral baixo, o qual se manifestava pela alta rotatividade de funcionários, faltas e empregados insatisfeitos. O modo de funcionamento do SAC era uma "linha de montagem". Cada funcionário checava uma seção do formulário de reclamações, passava este para o próximo funcionário, que verificava a seção seguinte, e assim por diante. Se fosse descoberto um erro ou questionamento de interpretação, era colocado de lado para ser tratado por um especialista. Do ponto de vista operacional, isso era muito eficiente. No entanto, tornava o trabalho monótono e sem desafios.

Jennifer reorganizou o sistema. Ela enriqueceu a função ao eliminar a "linha de montagem". Cada funcionário verificava o formulário por completo, corrigia erros e buscava as interpretações. Isso exigiu treinamento adicional e deixou o trabalho lento no começo, mas valeu a pena para o desenvolvimento de uma equipe de trabalhadores bastante motivada que estava verdadeiramente interessada no emprego. A rotatividade, as faltas e a insatisfação foram reduzidos de forma significativa e, depois que o sistema foi implementado na íntegra, houve um aumento da velocidade e da precisão.

Mantenha o pessoal envolvido

Ao estabelecer uma atitude de que o trabalho a ser feito é um esforço mútuo de gestão e de equipe, e não de "superiores" dando ordens aos "funcionários inferiores" para executar uma tarefa, vamos tornar a atividade mais interessante e as pessoas envolvidas mais motivadas para realizar o trabalho.

Quando a produtividade esperada é quantificável, muitas empresas estabelecem cotas de produção para os trabalhadores. É o que ocorre particularmente na área de vendas e em cargos de escritório e da área de manufatura. Denise chefia a seção de processamento de texto da empresa onde trabalha. Ela estabeleceu cotas específicas para a maioria de seus projetos de *mailing* de massa e pode medir a forma de atuação da equipe à medida que esta se aproxima de cumprir suas cotas. Denise observou que, mesmo os melhores empregados quase nunca poderiam produzir além da cota. Quando ela tentou aumentar o número de correspondências esperado, deparou-se com o ressentimento e até com uma oposição declarada.

Quando um novo projeto era planejado, em vez de impor uma cota para o projeto, Denise solicitava aos funcionários que trabalhariam nele que o estudassem e sugerissem as metas de produção. Para sua surpresa, eles recomendavam cotas mais altas do que ela teria indicado.

Gerentes e empregados, juntos, devem estabelecer cotas e/ou objetivos que sejam alcançáveis e aceitáveis por ambos. Quando uma pessoa participa no estabelecimento de cotas, ela se sente comprometida em cumprir aquela cota e vai trabalhar de bom grado para assegurar que o trabalho seja cumprido.

No livro *Como fazer amigos e influenciar pessoas*, Dale Carnegie previu o que os cientistas comportamentais anunciaram mais tarde. Ele escreveu: "Ninguém gosta de sentir que está comprando algo que lhe foi dito para comprar ou que lhe digam para fazer uma determinada coisa. Preferimos muito mais sentir que estamos comprando a partir de nossa própria vontade ou agindo com nossas próprias ideias. Gostamos de ser consultados sobre nossos desejos, nossas vontades e nossos pensamentos."

PONTOS IMPORTANTES

Oito maneiras de dar o que as pessoas querem do emprego

1. Deixe cada pessoa saber de seu progresso.
2. Ajude-as a melhorar por meio de treinamento (*coaching*) e orientação.
3. "Sejamos calorosos em nossa aprovação e generosos em nosso elogio."
4. Diga às pessoas com antecedência sobre mudanças que vão afetá-las e, se possível, explique o motivo.
5. Aproveite o melhor da capacidade de cada um.
6. Procure a capacidade da pessoa que não está sendo usada e ajude essa pessoa a utilizá-la.
7. Nunca bloqueie a oportunidade de avanço de uma pessoa.
8. Dê às pessoas mais liberdade de controlar o modo como realizam o trabalho. Incentive-as a sugerir métodos e abordagens melhores.

Cinco dicas de elogio eficaz

Por mais que o elogio seja importante para a motivação das pessoas, nem sempre funciona. Alguns supervisores elogiam cada atividade mínima, reduzindo o valor do elogio para as verdadeiras conquistas. Outros empregam o elogio de uma forma que soa falso. Para tornar o elogio mais significativo, sigas estas sugestões:

1. Não exagere. O elogio é algo doce. Bombom também é doce, porém, quanto mais o comemos, cada pedaço se torna menos saboroso, e podemos ter uma indigestão. Muito elogio reduz o benefício proveniente de cada bocado de elogio; se for exagerado, ele perde o valor por completo.
2. Seja sincero. Não podemos fingir sinceridade. Devemos acreditar de verdade que o motivo pelo qual estamos elogiando o funcionário é realmente digno de elogio. Se nós não acreditarmos, ele também não acreditará.
3. Seja específico em relação ao motivo do elogio. Em vez de dizer: "Excelente trabalho!", é muito melhor dizer: "O relatório que você redigiu sobre a questão XYZ permitiu que eu compreendesse de forma mais clara as complexidades da questão."
4. Peça conselhos para os funcionários. Nada é mais lisonjeador do que ser solicitado a aconselhar sobre como lidar com uma situação. Cuidado: essa abordagem pode sair pela culatra se não seguirmos o conselho. Se tivermos que rejeitá-lo, faça perguntas ao funcionário sobre a sugestão dada até que ele perceba as limitações dela e reflita a respeito.
5. Divulgue o elogio. Assim como uma advertência deve sempre ser dada em particular, o elogio deve ser feito (sempre que possível) em público. Às vezes, o motivo pelo qual o elogio é dado é um assunto particular, mas normalmente é mais apropriado deixar que toda a equipe saiba sobre ele. O fato de os outros membros da equipe fi-

carem a par do elogio que demos a um colega os estimula a trabalharem para obter reconhecimento também. Em alguns casos, o elogio para realizações significativas pode ser divulgado de forma mais ampla, tal como quando é feito em reuniões ou eventos da empresa.

O melhor fator de motivação

Os cientistas comportamentais em geral concordam que — embora a motivação dos empregados seja reforçada por fatores como reconhecimento, apreciação, desafio e, claro, tratamento justo — o fator de motivação mais eficaz de todos é o trabalho propriamente dito. O trabalho pode tornar-se repetitivo, entediante e sem desafios. Uma boa forma de superar isso é reestruturar as funções para promover a diversidade, o desafio e o comprometimento.

Traga os funcionários para participarem das várias etapas do planejamento de novos projetos. Obtenha sugestões quanto a cotas, seja de vendas ou de produção, e quanto a métodos e padrões de desempenho. Quando as pessoas sentem que "possuem" o projeto, ficam mais propensas a direcionar todos os seus esforços para alcançar o objetivo.

CAPÍTULO 4

Contratando funcionários

A maioria dos gerentes acredita que preencher uma vaga no departamento é uma distração irritante da verdadeira função de gerenciamento. O tempo, a energia e o desgaste emocional envolvidos no processo de contratação atrapalham os deveres regulares, adicionam horas extras ao seu dia e, o que é pior, fazem com que os gerentes temam fazer a escolha errada e tenham que passar outra vez pelo mesmo processo em poucos meses.

Na maioria das empresas grandes e em muitas empresas menores, o departamento de recursos humanos cuida do recrutamento e seleção dos novos empregados. No entanto, mesmo quando isso é feito, os supervisores de linha e os líderes de equipe precisam ter participação no processo. Quase sempre, eles vão entrevistar candidatos. Afinal, são os profissionais a quem a pessoa contratada vai se reportar e são responsáveis pelo sucesso ou fracasso do novo empregado.

Em algumas empresas pode não haver um departamento de RH ou, se houver um, pode estar situado na sede e longe do local para o qual a pessoa será contratada. Nesse caso, os próprios gerentes locados nas instalações da filial são obrigados a fazer a contratação.

Infelizmente, embora em geral sejam capacitados na execução do trabalho de sua própria especialidade, tais gerentes não têm o treinamento e a experiência exigidos para uma contratação bem-sucedida. Como resultado, ocorrem inúmeros erros: na melhor conjuntura, tempo e esforços perdidos e, na pior, contratação de pessoas que estavam fadadas ao fracasso.

Como supervisor ou gerente, não podemos assumir esse aspecto de nosso trabalho de forma leviana. Os homens e as mulheres que contratamos vão contribuir para o sucesso ou nos auxiliar a cumprir nossos objetivos.

Desenvolva exigências realistas de trabalho

Podemos ser mais eficazes na seleção das pessoas com quem teremos que trabalhar, e em quem devemos confiar para realizar o trabalho, ao iniciar a busca com uma exigência realista de trabalho.

Analise a vaga a ser preenchida de forma cuidadosa e determine exatamente qual formação o novo empregado deve ter para a função pretendida. Devemos nos perguntar, à medida que definimos cada um dos requisitos: "Isso é realmente necessário para desempenhar a função?"

Jeff estava buscando preencher uma vaga para um representante de serviço ao cliente. Uma das exigências estabelecidas por ele para essa função era nível superior. Isso é realista? Com certeza, há vantagens em se contratar um profissional de nível superior para esse trabalho. Mas essa posição realmente exige competências que são adquiridas na faculdade? Uma pessoa com educação menos formal não poderia exercer a função tão bem quanto?

Quando perguntaram a Jeff por que ele queria um profissional de nível superior para aquela função, ele respondeu: "Por que não? Existem muitos formados procurando emprego, e eu também posso tirar vantagem disso ao ter o melhor que eu puder." Será que isso faz sentido? Exigir mais educação (ou qualquer outra qualificação) do que de fato é necessário tem mais desvantagem do que vantagem.

Claro, podemos conseguir pessoas mais inteligentes e mais criativas, mas, como essas pessoas não terão desafios à frente desta vaga, elas provavelmente não serão tão produtivas quanto profissionais com menos educação. As pessoas que ficam entediadas com o trabalho são aquelas que se tornam descontentes, que têm elevado número de faltas e que se desligam da empresa em pouco tempo. O mais importante é que podemos acabar eliminando o melhor candidato possível para o cargo ao darmos ênfase a um aspecto errado, neste caso à formação.

Quando Lynn obteve aprovação para colocar outro assistente de contabilidade na equipe, ela disse ao departamento de RH que precisava de alguém com experiência de pelo menos dez anos em escrituração e contabilidade. Isso é realista? Quando questionada por que dez anos, Lynn respondeu: "Quanto mais experiência o candidato tiver, mais conhecimento ele terá, e assim será mais produtivo e útil para nós em um espaço mais curto de tempo." Sempre há uma correlação entre anos de experiência e especialização? Não necessariamente. Todos nós conhecemos algum caso em que a pessoa tem dez anos de trabalho, mas apenas o equivalente a um ano de experiência. Conhecemos também outros casos em que a pessoa adquire uma grande habilidade em um período bem pequeno de tempo.

Ao reconhecer que os anos de experiência não medem, de modo isolado, a especialização de fato, Lynn reconsiderou as exigências para o cargo. Em vez de pedir experiência de dez anos, ela estabeleceu uma lista de fatores que o novo empregado deveria conhecer para a vaga e o grau de intimidade do pretendente com cada um deles. Ao fazer perguntas específicas aos candidatos sobre cada um desses fatores, ela seria capaz de determinar o grau de conhecimento do entrevistado e o que ele realmente havia feito em cada uma das áreas que são importantes para o cargo.

Isso quer dizer que os anos de experiência não servem para nada? Não. Muitas vezes a única forma de uma pessoa ganhar as habilidades necessárias para um emprego é, de fato, por meio do próprio trabalho que exige uma capacidade semelhante. No entanto, se enfatizarmos *o que eles realizaram* em vez de *há quanto tempo eles fazem isso*, tomaremos uma decisão de contratação mais acertada.

Outro requisito encontrado com frequência nas exigências de emprego é que a experiência deve ser "no ramo". É verdade que, muitas vezes, as habilidades e o conhecimento da função podem ser adquiridos apenas em empresas que fazem trabalho similar, mas há muitos empregos em que a formação em outros ramos é tão valiosa quanto, e pode ser até melhor, uma vez que o novo empregado não está preso aos vícios do setor e traz conceitos criativos e inovadores para o emprego.

Se limitarmos os candidatos a apenas um ramo de atuação, podemos não apenas eliminar pessoas boas, como também o próprio cargo pode permanecer vago por períodos longos de tempo. A gerente de RH da Associated Health Aids estava frustrada. Fazia seis meses que o assistente de administração do vice-presidente de marketing havia saído e a posição ainda não fora preenchida. O problema: o vice-presidente insistia em que o assistente tivesse experiência no ramo de auxiliares de saúde. Não havia aparecido nenhum candidato com esse tipo de experiência.

Quando a gerente lhe perguntou por que essa formação era necessária, o vice-presidente respondeu que o assistente de administração tinha que conhecer a linguagem do negócio. Quanto tempo alguém que não é familiarizado com essa "linguagem" levaria para aprendê-la? Provavelmente de dois a três meses. No entanto, a empresa estava com a vaga em aberto já fazia seis meses, quando, em um máximo de 90 dias, a falta desse requisito "crucial" já poderia ter sido superada.

Para evitar cair em armadilhas comuns na definição de exigências de emprego, analise os cargos com cuidado. Faça a pergunta: "O que o candidato deve ter que eu não possa fazer ou que eu não queira perder tempo em treiná-lo?" Essas devem ser as exigências essenciais para o cargo.

Se houver grande número de candidatos para uma posição, devemos também determinar quais fatores preferenciais seriam úteis. Tais fatores podem ser usados para ajudar a escolher entre os candidatos que se encaixam dentro dos fatores essenciais. Porém, mesmo na hora de estabelecê-los, tenha certeza de que sejam realistas e não eliminem as pessoas boas para o cargo. Por exemplo, um requisito preferencial de pós-graduação, quando tal formação educacional não é importante de fato para o cargo, pode não ser sensato.

Uma parte vital de toda especificação de emprego é a indicação dos fatores intangíveis, muitas vezes mais significativos na contratação da pessoa certa do que algumas exigências tangíveis. É claro que todos gostaríamos de contratar pessoas com alto grau de inteligência, criatividade, integridade, lealdade, atitudes positivas, entusiasmo etc. No entanto, ao listar os fatores intangíveis necessários para um cargo, tenha certeza de que sejam colocados de uma perspectiva adequada ao posto. Se a posição exige habilidades em comunicação, especifique quais habilidades de comunicação são necessárias: comunicação verbal interpessoal?; capacidade de falar para grupos?; comunicação via telefone?; redação de cartas e memorandos?; criação de peças publicitárias e folhetos?; power point ou outras técnicas de comunicação baseadas em computador?

Se o cargo exige "atenção aos detalhes", especifique que tipos de detalhe. Se o posto exige trabalhar sob pressão, indique que tipos de pressão: cumprimento de prazos diários?; prazos ocasionais?; condições de trabalho desagradáveis?; um patrão difícil? A análise e a descrição dos fatores intangíveis necessários são tão importantes quanto a análise e a descrição da escolaridade, da experiência e das habilidades requisitadas.

Ao estabelecermos exigências realistas de trabalho e selecionarmos candidatos para averiguar se atendem a tais exigências, teremos condição de estruturar o departamento com pessoas qualificadas a fim de formar a equipe que precisamos para atingir as metas e os objetivos.

A seleção de candidatos

Uma vez estabelecidas as exigências do cargo, temos agora que começar a busca por candidatos. As pessoas que trabalham na organização muitas vezes conhecem outras pessoas que podem ter a qualificação para as vagas em aberto.

Promover ou transferir um empregado da empresa para uma nova posição é louvável e deve ser incentivado. Candidatos internos são fatores conhecidos. A empresa os vê em ação. Ela conhece seus pontos fortes e fracos, peculiaridades da personalidade, hábitos de trabalho, padrões de frequência e pontualidade e todas as pequenas coisas reveladas por meses e anos de observação. Também é bom para o moral e a motivação do empregado. O problema, no entanto, é que limita os candidatos a uma seleção apenas com pessoas já empregadas na empresa. Nesse mundo altamente competitivo, uma empresa deve tentar encontrar o melhor candidato para posições em aberto, e este pode não estar naquele momento na folha de pagamento da empresa.

Houve um tempo em que as empresas se gabavam de contratar, quando o presidente se aposentava, um atendente júnior. Todo mundo subia um degrau. É provável que em uma grande organização existam muitas pessoas altamente competentes que estejam disponíveis para preencher as novas vagas e, claro, elas devem ser levadas em consideração. Entretanto, uma busca por candidatos de fora pode trazer para a empresa habilidades e competências que lhe faltam e novas ideias que muitas vezes fogem às pessoas "produzidas" dentro da organização.

Charlie usou uma variedade de fontes quando surgiu uma vaga no departamento e recebeu mais de trinta currículos. Todos pareceram ser bons. Quais candidatos ele deve chamar para a entrevista? Quando for selecionar currículos, procure os seguintes aspectos:

1. O candidato atende às exigências básicas?
Não perca tempo entrevistando candidatos que deixaram de atender aos requisitos-chave para o emprego.

2. Procure omissões.
Muitos currículos omitem o tempo dos empregos anteriores. Isso pode ser feito para esconder períodos de desemprego ou para dar a impressão de o postulante ter mais experiência do

que realmente tem. Uma das maneiras de evitar esse subterfúgio é fazer com que todos os candidatos preencham um formulário de emprego padrão da empresa. Este pode ser enviado aos candidatos, com antecedência, e deve ser devolvido antes de se determinar os entrevistados. Se houver pressa para preencher a vaga, telefone ou mande um e-mail aos candidatos em que tiver interesse para obter informações pendentes.

3. *Procure por inconsistências*
Um candidato pode alegar ter uma formação sólida em uma determinada área, ainda que as empresas para as quais ele trabalhou não estejam envolvidas naquele ramo. Por exemplo, o currículo de Jack enfatizou sua formação em marketing de bens de consumo embalados, mas, dos dez anos de experiência, apenas dois, e há vários anos, foram com empresas orientadas para o consumo.

4. *Procure pelo progresso.*
Considerando-se a quantidade de tempo no mercado de trabalho, o candidato teve um progresso apropriado em termos de avanço e resultados?

Compare a formação dos candidatos em relação às exigências do cargo em aberto e, depois, entre os próprios candidatos, e selecione o melhor para a próxima etapa: a entrevista de emprego.

Quando em conversa com outra pessoa, ouça com atenção. Não assuma uma atitude de tédio ou permita que uma expressão do tipo "eu sabia" cintile em suas feições.

DALE CARNEGIE

Obtendo o máximo de uma entrevista

Aqui estão algumas sugestões de como conduzir uma entrevista produtiva. Após fazer com que o candidato se sinta à vontade com uma saudação amigável e alguns comentários sobre aspectos não controversos da formação do candidato, comece a entrevista em si com algumas *perguntas abertas*.

"Conte-me sobre sua experiência com a empresa XYZ."
"Que experiência você tem em análise de vendas?"
"Descreva o seu projeto mais recente."

Com base nas respostas recebidas, concentre-se nos aspectos-chave da formação do candidato naquela área e *faça perguntas específicas* sobre detalhes do que foi feito e realizado.

Em resposta a uma pergunta aberta sobre seu mais recente projeto, Mae comentou que havia feito um estudo de mercado do potencial de um novo produto. Perguntas específicas para elaborar e verificar o que ela realmente fez poderiam incluir: "Como você obteve os dados necessários?"; "Quais problemas você enfrentou para obter a cooperação das pessoas envolvidas?"; "Como você os solucionou?"; "Qual foi o resultado?"; "Descreva os passos adotados em sua análise"; "Qual foi o aspecto mais difícil do projeto?"

Se perguntarmos sobre facetas específicas do projeto, em vez de apenas aceitar as declarações do candidato, vamos obter uma visão clara da verdadeira experiência do postulante, e não generalizações comuns que com tanta frequência são extraídas em uma entrevista de emprego. Além disso, tais perguntas contribuirão para identificar as verdadeiras realizações do candidato.

Avalie as características pessoais

Contratamos não apenas as habilidades de uma pessoa para o cargo, mas também as características pessoais que o indivíduo traz para o emprego. Uma pessoa com boa aparência, charme, com o dom da palavra e um jeito agradável de ser causa tão boa impressão que podemos ser influenciados de forma exagerada por esse verniz. Para determinar a verdadeira personalidade do candidato, temos que olhar embaixo da superfície.

Ao utilizarmos "perguntas situacionais", traços verdadeiros da personalidade podem muitas vezes ser revelados. A pergunta situacional é aquela em que o candidato é solicitado a responder sobre como lidou com problemas delicados no passado, ou como situações hipotéticas podem ser tratadas. Por exemplo: "Um cliente entra em contato com a empresa e está furioso. A entrega prometida não chegou e toda a programação da produção deste cliente está ameaçada. Como você lidou (ou lidaria) com isso?" A partir da resposta, podemos determinar a integridade do candidato (ele mentiria sobre a entrega?), o tato (o candidato foi diplomático?), a atitude (ele foi leal à empresa?).

Como a entrevista em geral é a ferramenta primária usada para tomar a decisão da contratação, é importante que ela dê ao entrevistador as informações e as impressões necessárias para fazer esse julgamento. Aqui estão dez armadilhas em que muitos entrevistadores caem e que os impede de realmente saber tanto quanto deveriam sobre as pessoas que eles estão considerando para o emprego.

1. *Não estruturar bem a entrevista*: Quando Bill retornou de uma entrevista com o contador-chefe da Goody Gumdrop Candy Co., ele estava convencido de que o entrevistador tinha obtido pouca ou nenhuma informação a partir da entrevista. Bill relatou que o contador-chefe tinha pulado de um assunto para outro: falou por um momento sobre educação, mudou para algumas fases da experiência de trabalho, depois voltou à educação, passou

para atitudes, em seguida para os objetivos em relação ao trabalho e, finalmente, faz mais perguntas sobre a experiência profissional. Muitas entrevistas são pouco mais do que conversas informais. Para tornar a entrevista mais eficaz, o entrevistador deve seguir um padrão que permita abranger todos os pontos importantes de forma sistemática. Não faz nenhuma diferença se começamos com a educação, o primeiro emprego, o último emprego ou os objetivos, contanto que uma estrutura seja estabelecida e seguida para abranger todas as informações. No entanto, devemos ser flexíveis dentro da estrutura, de modo a não deixarmos de investigar as áreas de interesse apenas porque podem não se encaixar no plano da entrevista.

2. *Entrevistar para o cargo errado*: Alguns entrevistadores não prestam a atenção adequada às particularidades do cargo. Barbara se candidatou para uma posição de analista. O entrevistador fez todos os tipos de pergunta sobre vários aspectos da administração de RH, menos sobre análise de cargos. Antes de uma entrevista, estude as particularidades. Esteja familiarizado com os detalhes e implicações. Elabore perguntas que tragam aqueles aspectos da formação do candidato que indicam conhecimento (ou falta dele) de tais particularidades.

3. *Deixar o candidato dominar a entrevista:* Um candidato experiente pode dominar a situação, dizendo apenas o que é mais favorável e conseguindo minimizar os aspectos negativos. O bom entrevistador tem que manter o controle. Quando temos um candidato que não nos deixa falar uma palavra, que torce as perguntas para ajustar às suas necessidades, que continua fornecendo informações que não são relevantes mas, sim, concebidas para dar um

impulso no quesito experiência, *devemos dar um corte nele*. Podemos dizer: "Isso é muito interessante, no entanto você se importaria de me dar detalhes específicos sobre... (e então indique a área específica)." A melhor maneira de combater a tentativa de um candidato dominar a entrevista é insistirmos para que ele responda às perguntas que nos interessam.

4. *Brincar de Deus*: Uma das principais queixas que os candidatos têm dos entrevistadores ocorre quando são tratados como se fossem inferiores, quando são rebaixados. Os entrevistadores agem de modo tão superior que os candidatos se sentem desconfortáveis. Em função de ter o poder de contratar, ou pelo menos o de considerar o candidato por uma análise mais aprofundada, há uma tendência por parte do entrevistador de "brincar de Deus" e de saborear esse poder de forma presunçosa. Um pouco de humildade vai resultar em um melhor relacionamento e em uma entrevista mais eficaz, e vai trazer amigos para o nosso lado e para o da empresa.

Não assuma um ar de importância. Nunca permita que a outra pessoa sinta que é inferior a você, de modo algum.

DALE CARNEGIE

---

5. *Sinalizar a resposta certa*: Alguns entrevistadores ficam tão ansiosos para preencher uma vaga que ajudam o candidato a responder de forma correta às perguntas. Eles sinalizam a resposta esperada: "Essa posição exige capaci-

dade de lidar com pessoas. Você tem essa capacidade, não tem?" Ninguém nunca diz "não".

6. *Sufocar o candidato*: Quando Henry foi entrevistado, nunca teve a oportunidade de falar sobre suas qualificações. O entrevistador primeiro lhe contou sobre a empresa, em seguida sobre o cargo e depois sobre o próprio trabalho. Quando o entrevistador finalmente fez uma pergunta, Henry foi interrompido antes de terminar a resposta. Uma entrevista é uma conversa de duas vias. Se apenas uma das partes a domina, seja o candidato ou o entrevistador, a entrevista não vai cumprir o seu propósito.

    Susan sufocou o candidato de outra forma. Ela anotou tudo o que o candidato falou. Tudo bem tomar uma ou outra nota, mas uma transcrição palavra por palavra sufoca o postulante e impede que o entrevistador ouça devidamente o que está sendo dito.

7. *Brincar de investigador*: Martin adorava entrevistar pessoas. Sua grande alegria era "pegá-los" em alguma inconsistência. Ele repetia perguntas de várias formas para assegurar que as respostas eram as mesmas. Se encontrasse um "erro", ele se lançaria sobre a vítima. Gabava-se de todos os "impostores" que desmascarava. Porém, na maioria das vezes, as inconsistências eram irrelevantes, e ele não apenas perdia bons potenciais empregados, como também deixava uma péssima impressão naqueles candidatos que entrevistava.

8. *Brincar de psicólogo*: Apenas o fato de termos estudado psicologia básica na faculdade não nos qualifica como psicólogos. Alguns entrevistadores supõem ter muito mais conhecimento sobre psicologia do que realmente têm. Eles procuram por significados ocultos em tudo o que é dito pelo candidato. Atribuem motivações freudia-

nas para trabalhar a experiência, as relações familiares, as atitudes e até mesmo comentários casuais feitos pelos candidatos. O fato de não terem qualificação efetiva para fazer esse tipo de julgamento não os aborrece nem um pouco. Ficam tão absorvidos nas "avaliações psicológicas" que deixam de determinar se o candidato serve ou não para a posição em aberto.

9. *"Apaixonar-se" pelo candidato*: Às vezes, um entrevistador fica tão impressionado com um dos aspectos da apresentação de um candidato que este domina a avaliação. Pode ser a aparência ou o carisma de uma pessoa, pode ser uma habilidade específica que é necessária na empresa etc. Embora tal característica possa ser impressionante, podem existir outros fatos importantes na formação do candidato que a anulem. O bom entrevistador reconhece que esse charme ou habilidade é um diferencial, mas deve ser colocado de uma perspectiva apropriada. Uma entrevista bem estruturada, que permita uma avaliação cuidadosa de cada fator necessário para o sucesso no trabalho, ajuda a evitar isso.

10. *Falhar na apuração dos detalhes*: Foi feita uma série de perguntas a George sobre se ele tinha experiência em várias áreas de atuação em seu campo. Ele respondia a cada uma delas afirmativamente, e, para sua surpresa, o entrevistador aceitava as respostas sem apurar para determinar o grau de experiência que ele tinha em cada uma das áreas. George poderia ter deturpado sem dificuldade sua formação por meio de informações de todo falsas ou exagerando seu conhecimento. A boa entrevista requer a exploração completa do conhecimento do candidato. Estude as exigências do cargo e elabore perguntas com base no que é esperado, de modo a satisfazê-las.

O planejamento cuidadoso de uma entrevista e a consciência das armadilhas, e de como evitá-las, podem tornar as entrevistas mais significativas e as decisões de contratação mais eficazes.

Não interrompa a outra pessoa quando ela estiver falando. Deixe que ela fale. Se você a interrompe, está insinuando que não vale a pena ouvir o que ela está dizendo.

DALE CARNEGIE

Verifique

Sempre que possível, entre em contato com os antigos empregadores dos candidatos nos quais tem interesse a fim de verificar se o que foi dito nas entrevistas está correto. Para obter informações significativas, tente conversar com o supervisor direto do candidato, em vez de falar com o departamento de RH. O supervisor observa o dia a dia do candidato, ao passo que, na maioria das empresas, a única informação que o RH tem é a que está nos arquivos.

Cada vez mais empresas estão relutantes em dar informações sobre antigos empregados aos outros, mas vale a pena tentar. Uma das maneiras de vencer a resistência para dar informações é enfatizar que você gostaria de *verificar* certos pontos, em vez de pedir informações. Antes de fazer a ligação, prepare uma série de perguntas elaboradas a partir do formulário de candidatura do interessado, o currículo e as observações resultantes da entrevista. Certifique-se de optar por aspectos significativos da formação do candidato, de modo que possa obter o máximo de informações em um período de tempo limitado.

Selecionando as melhores pessoas

Já lemos uma centena de currículos, entrevistamos dezenas de candidatos e reduzimos este montante para três ou quatro pessoas, todas com excelente experiência e formação para a posição que buscamos preencher. Qual delas devemos contratar? Esse dilema é enfrentado por gerentes a cada vaga de trabalho que surge. Devemos tomar essa importante decisão com base nas características pessoais que fazem com que uma pessoa se destaque das demais. As pessoas que são "atraentes para contratação" têm maior probabilidade de nos impressionar do que aquelas que carecem desta característica intangível.

A experiência tem mostrado que tais características, a menos que sejam superficiais ou inventadas, são indicativas de sucesso em uma posição de trabalho. Elas são os fatores humanos que permitem às pessoas trabalharem bem conosco, com os colegas e com os outros com quem vão se inter-relacionar dentro ou fora da organização.

Aparência

Na maioria dos contatos com pessoas, a nossa reação imediata está vinculada à aparência delas. Uma pessoa cujas características físicas são agradáveis, que se veste bem e que tem elegância e presença, começa com o pé direito na maioria dos relacionamentos interpessoais. Isso não significa que devemos julgar o livro apenas pela capa, ou que devemos dar preferência a homens e mulheres de bela aparência. Estar bem-arrumado, com um bom semblante e vestido com requinte, além do asseio, são aspectos importantes. Mas tenha cuidado para não colocar ênfase exagerada na aparência.

Barbara é uma jovem extremamente atraente. Nos últimos cinco anos, teve quatro empregos como representante de vendas... e fracassou em todos. Os gerentes de vendas ficaram tão impressionados pela boa aparência de Barbara que presumiram que ela causaria uma impressão favorável imediata aos potenciais clientes e se tornaria uma vendedora de sucesso. No entanto, Barbara tinha pouco a oferecer além disso. Estava tão acostumada a depender de sua aparência que nunca precisou trabalhar muito pesado.

Isso não significa que a aparência não seja um fator a ser considerado. Muitas pessoas atraentes também têm a habilidade, o estímulo e a capacidade para fazer um bom trabalho. Como muitos de nós tendem a colocar mais ênfase do que deveriam na aparência, deve-se se aprofundar mais em todos os aspectos da formação de uma pessoa particularmente atraente antes de tomar uma decisão.

Somos a favor de pessoas como nós

Todos os funcionários de Tom eram alunos de sua universidade. Embora Beth, natural de Iowa, trabalhasse em Chicago, três dos membros da equipe também eram de Iowa. Quando Tom e Beth foram questionados sobre o motivo de selecionarem aquelas pessoas, suas respostas incluíram comentários sobre qualificação profissional, traços de personalidade e inteligência, mas nenhum dos dois gerentes considerou a semelhança dos históricos dos candidatos com os deles próprios como um fator.

Os indivíduos tendem a favorecer, de forma inconsciente, as pessoas cuja formação seja próxima da deles. Há uma sensação confortável em tratar com pessoas que compartilharam um ambiente ou uma experiência similar. Isso pode ser um trunfo, no sentido de que as relações de trabalho podem ser desenvolvidas de forma mais rápida e mais fácil. Entretanto, pode levar à escolha de um candidato menos qualificado. Uma outra limitação, quando todas as pessoas em um grupo de trabalho têm históricos análogos, é a inclinação para pensar muito parecido, o que gera pouca exposição a novas ideias.

Autoconfiança

Quando Frank foi entrevistado, ele exalava autoconfiança. Não teve receio de falar sobre os fracassos. Ao contrário das pessoas que tentam impressionar os entrevistadores vangloriando-se de suas conquistas, Frank não dava muita importância aos seus sucessos. Ele projetou uma imagem de segurança total em relação às suas capacidades. É provável que Frank manifeste essa autoconfiança no trabalho, o que vai permitir que se adapte sem demora à nova situação.

Fluência de expressão

Laura foi capaz de discutir sua formação de forma fácil e com fluência. Não hesitou nem teve dificuldade para se expressar. Quando o entrevistador sondou para obter mais detalhes, ela estava pronta com estatísticas, exemplos e aplicativos específicos. Isso não apenas indica sua especialização, como também sua capacidade de se comunicar, um ingrediente essencial em muitos tipos de trabalho.

Entretanto, há algumas pessoas que falam muito bem, que conseguem um bom emprego em função disso, mas que têm uma experiência ou conhecimento apenas superficiais. Elas aprendem e usam os jargões do campo de atuação em questão. Para determinar se um candidato é um falante ou um executor, faça perguntas profundas e explore exemplos específicos do trabalho dele. Os candidatos que se caracterizam por ser falsos fluentes não conseguem chegar a respostas consistentes.

Estado de alerta

Diane brilhava na entrevista. Ela reagia às perguntas e aos comentários com expressões faciais e gestos. Podíamos ver que ela estava atenta. Os candidatos reluzentes, de tanto brilharem e ficarem em alerta, normalmente são pessoas dinâmicas e animadas e dão tudo de si no emprego.

Maturidade

A maturidade não pode ser medida pela idade cronológica de uma pessoa. Os jovens podem ser muito maduros e pessoas mais velhas podem ainda manifestar emoções infantis. Os candidatos verdadeiramente maduros não são hostis nem defensivos. Eles não interpretam as perguntas como farpas proferidas por um "promotor pronto para pegá-los". Não demonstram autopiedade, não ficam apresentando desculpas para todos os seus fracassos do passado ou suas inadequações. Podem discutir os pontos fracos de forma tão fácil quanto os pontos fortes.

Senso de humor

Evan era rabugento. Em nenhum momento, durante a entrevista, ele sorriu ou relaxou. Nem mesmo quando tentaram descontrair a entrevista com um comentário bem-humorado ele conseguiu reagir. Isso pode ter ocorrido por conta do nervosismo, mas, muito provavelmente, Evan é uma daquelas pessoas sérias que nunca conseguem ver o lado mais leve das coisas. São difíceis de supervisionar e impossíveis de trabalhar em equipe. É mais fácil e muito mais divertido trabalhar com uma pessoa que tem senso de humor.

Por outro lado, os candidatos que são muito fúteis, aqueles que contam piadas inadequadas, riem de forma estridente ou agem de modo inconsistente com a situação podem ser imaturos.

Inteligência

Embora alguns aspectos da inteligência possam ser medidos por testes, podemos captar muita coisa sobre o tipo de inteligência que uma pessoa tem durante uma entrevista. Se a vaga exigir reação rápida a situações à medida que elas se desenvolvem (por exemplo, vendas), uma pessoa que responde às perguntas de forma rápida e sensata tem o tipo de inteligência necessária para o emprego. No entanto, se a pessoa se candidata a um emprego em que é importante refletir sobre uma questão antes de apresentar uma resposta (por exemplo, engenheiro de pesquisa), uma resposta lenta, porém bem ponderada, pode ser um indicativo do tipo de inteligência requerida.

Preste atenção ao "efeito halo"

Rob é especialista em computador. Dê a ele qualquer tipo de problema que possa ser resolvido em um computador e ele vai desenvolver um programa para solucioná-lo. Seus chefes ficaram tão impressionados com sua capacidade que promoveram Rob para uma posição que exigia tomada de decisões que não podiam ser solucionadas pelo computador. Eles presumiram que, como ele era muito bom em uma área, deveria ser bom em todas.

O oposto é o "efeito forquilha". A pessoa envolvida tem uma característica negativa que domina tanto a nossa avaliação em relação a ela que não visualizamos os seus pontos positivos.

Para evitar o prejuízo do efeito halo ou do efeito forquilha, ou outras abordagens restritas de avaliação, devemos considerar a pessoa como um todo e não pelos traços distintos.

Busque os históricos de sucesso

"O que é passado é um prólogo." Na seleção de pessoas para um novo posto de trabalho, seja uma promoção interna ou uma contratação externa, o fator mais importante é o registro do passado dos candidatos. Pessoas bem-sucedidas tendem a dar continuidade ao sucesso. Pessoas com históricos medíocres tendem a repetir a mediocridade. Ao avaliarmos o que as pessoas conquistaram nos empregos ou trabalhos anteriores, podemos obter uma imagem gráfica do que podem fazer em uma nova situação. Para determinar e avaliar os padrões de sucesso, pergunte aos candidatos o que eles consideram ter sido suas grandes contribuições nos empregos anteriores.

Quando Lee candidatou-se para um emprego na área de vendas, ele não tinha experiência específica, mas seu histórico de sucesso no emprego administrativo anterior mostrou que poderia enfrentar e resolver problemas complexos em vários campos. O gerente de vendas reconheceu que esse era um trunfo importante na área de vendas e selecionou Lee em vez de alguns dos vendedores mais experientes que estavam concorrendo à vaga. Dentro de poucos meses, Lee provou que seu padrão de sucesso foi transferido para essa nova posição e estava a caminho de se tornar um dos melhores vendedores da equipe.

A maneira como a pessoa percebe o trabalho também diz muito sobre o candidato. Betty era a gerente do escritório da empresa onde trabalhava. Suas maiores realizações foram manter o trabalho fluindo, apagar incêndios e garantir que cada tarefa fosse concluída a tempo e com precisão. Isso é bom, se você quiser um indivíduo do tipo "manutenção", um que consiga manter as operações como têm que ser. No entanto, se precisarmos de inovação e criatividade, seria melhor buscar alguém que tenha introduzido novos sistemas que melhoraram a produtividade ou que tenha reorganizado um departamento para torná-lo mais eficiente.

As conquistas de que o candidato se orgulha também promovem mais reflexão sobre o que ele pensa a respeito da natureza do trabalho. Em resposta a uma pergunta sobre conquistas, Gary, um candidato a um cargo executivo de recursos humanos, descreveu com orgulho a forma como ele criara uma liga de boliche e um torneio de softball para a empresa. Sua concorrente à vaga, Eileen, explicou a forma como introduzira um programa de sugestão que resultou em várias inovações de redução de custos. Com base nessas respostas, qual é o melhor candidato?

Atitude calorosa

Esse diferencial intangível muito importante é o principal ingrediente da "atração para contratação". É difícil descrever, mas nós sabemos quando está presente. A pessoa calorosa que interage conosco é empática e mostra uma preocupação real quanto aos assuntos discutidos. Essa pessoa vai falar abertamente sobre relações interpessoais. Sente-se confortável na entrevista e faz com que nos sintamos confortáveis. Um indivíduo com esse tipo de personalidade se sente à vontade em qualquer ambiente e, muito provavelmente, se adaptará ao departamento de forma rápida e natural. São pessoas simpáticas e de fácil convívio no trabalho.

Sensibilidade ao feedback

O candidato que compreende o que estamos projetando, não apenas nas perguntas e comentários que fazemos, mas também com a nossa linguagem corporal, provavelmente faz a mesma coisa no trabalho. Este é um diferencial que tem um valor inestimável no local de trabalho. As pessoas desse tipo são fáceis de treinar. Aceitam e aplicam as instruções e críticas na mesma hora, e trabalham bem com seus colegas.

Naturalidade

Uma pessoa que é natural e relaxada é uma pessoa bem integrada. No entanto, não negue automaticamente um candidato nervoso. Compreender uma pessoa com este perfil, e determinar quais características latentes podem existir por trás de sua inquietação, exige habilidade, paciência e determinação. O nervosismo pode estar mascarando o verdadeiro eu da pessoa.

Dar informações ao candidato

Uma parte importante da entrevista é dar informações ao candidato sobre a empresa e o trabalho. Todo o trabalho e a despesa para a obtenção de bons empregados são perdidos se os candidatos desejados não aceitarem a nossa oferta. Ao lhes passar uma imagem positiva do trabalho durante a entrevista, aumentamos a probabilidade de aceitação.

Quando e o que dizer sobre o trabalho

Alguns entrevistadores começam a entrevista descrevendo os deveres do trabalho. Alguns dão ao candidato uma cópia da descrição do cargo antes da entrevista. Isso é um erro grave. Se um candidato sabe muito sobre uma posição de emprego muito cedo, é provável que formule com antecedência as respostas para todas as perguntas, para que fiquem adequadas ao cargo que disputa.

Por exemplo, dizemos a um candidato que o trabalho exige vender para redes de lojas de departamento. Mesmo que o candidato tenha apenas uma experiência limitada nessa área, quando perguntarmos "Com que tipos de mercados você trabalhou?", adivinhe qual será enfatizado?

A melhor maneira de dar informações sobre os deveres e as responsabilidades ao candidato é expô-las ao longo da entrevista, *após* termos apurado a formação do candidato naquela fase sobre experiência. Por exemplo:

Entrevistador: Com que tipo de mercado você trabalhou?

Candidato: Redes de farmácias, lojas de varejo, lojas de departamento e correios.

Prossiga com perguntas específicas sobre a experiência do candidato em cada um desses mercados. Se a experiência com lojas de departamento for satisfatória, o entrevistador pode então dizer: "Estou feliz por você ter uma experiência tão boa em tratar com redes de lojas de departamento, uma vez que elas representam 40% de nossa carteira de clientes. Se você for contratado, você vai trabalhar em estreita colaboração com aquelas redes."

Se a experiência nessa área for fraca, o entrevistador pode dizer: "Como grande parte do nosso negócio está voltado às redes de lojas de departamento, caso você seja contratado, teremos que lhe dar treinamento nesta área."

A maioria dos entrevistadores dá aos candidatos uma oportunidade de fazer perguntas sobre o emprego e sobre a empresa em algum momento da entrevista (geralmente no fim). As perguntas podem dar algumas dicas sobre a personalidade do candidato e ajudar em nossa avaliação.

As perguntas são essencialmente de natureza pessoal (tais como férias, tempo livre, aumentos e outras questões) ou sobre o trabalho em si? As pessoas preocupadas apenas com os aspectos pessoais são menos propensas a ser tão motivadas quanto os candidatos orientados para o trabalho. As perguntas dos candidatos também podem dar pistas de seu real interesse na vaga. Se sentirmos, a partir dessas perguntas, que um candidato promissor pode não estar animado com o emprego, temos ainda outra chance de vender a perspectiva sobre as vantagens de ele fazer parte da empresa.

Estamos sempre "vendendo" quando entrevistamos. É importante apresentar a nossa empresa e a posição de emprego de uma maneira positiva e entusiasmada. Isso não significa que devemos exagerar ou enganar o candidato. Na entrevista, conte ao postulante quaisquer fatores negativos sobre o emprego, mas mostre como os aspectos positivos compensam os negativos. Por exemplo: "Essa função exige que você faça horas extras nos primeiros meses para adquirir nosso complexo treinamento técnico, mas, depois que você tiver domínio sobre o nosso sistema, sua experiência vai melhorar neste campo de atuação."

Independente de considerarmos um empregado que já trabalhe conosco para promoção ou um candidato a ser contratado de fora da empresa, é imprescindível que sejam adotados todos os passos para assegurar que seja tomada a decisão certa. Esteja atento para os perigos das preferências e das repulsas pessoais, da ênfase exagerada na aparência e dos efeitos halo e forquilha. Busque um padrão de sucesso no passado, uma atitude positiva em relação ao trabalho, o tipo de inteligência relacionado ao cargo e uma personalidade calorosa, natural e madura.

PONTOS IMPORTANTES

- Antes de avaliar os currículos, estabeleça uma lista de requisitos-chave. Se o candidato não atender a esses requisitos, não há por que agendar uma entrevista.
- Não leve um currículo ao pé da letra. Leia as entrelinhas. Procure por fatores negativos escondidos.
- Faça com que todos os candidatos preencham o formulário de emprego da empresa. O currículo deve ser usado como um complemento, e não um substituto a esse formulário.
- Antes de conduzir uma entrevista, revise as exigências do emprego e a descrição do cargo, assim como o currículo do candidato e o formulário de emprego preenchido.
- Uma boa entrevista deve ser estruturada, porém flexível o suficiente para que possam ser feitas perguntas fora do roteiro.
- Deixe o candidato à vontade com perguntas descontraídas no começo da entrevista.
- Verifique as referências dos futuros empregados por meio de uma conversa com seus supervisores diretos, e não com o departamento de RH.
- Ao comparar os candidatos, considere as pessoas como um todo, não apenas pela experiência profissional. Evite os efeitos halo e forquilha.

CAPÍTULO 5

Melhorando o desempenho

Phil aceitou os parabéns de forma gentil. Ele tinha vencido o campeonato pelo terceiro ano consecutivo. Um repórter do jornal local perguntou: "Phil, você é o nosso campeão incontestável de golfe. Quais conselhos você poderia nos dar para melhorar o nosso desempenho?" Sem hesitação, Phil respondeu: "Tudo começa com a maneira que você faz a tacada."

Preparação

Todo desempenho, seja no campo de golfe ou no trabalho, começa com a preparação. Antes que a primeira bola seja batida ou uma tarefa seja designada, o que é feito para o preparo disso é que vai fazer a diferença entre o desempenho adequado e o esplêndido. No golfe, a tacada não é apenas colocar a bola no T, mas tudo o que foi feito antes do jogo para ter domínio sobre ele.

Competência técnica

O primeiro passo é adquirir o máximo possível de conhecimento sobre o assunto. A competência no trabalho, assim como em qualquer esporte, começa com o aprendizado dos princípios básicos e depois dos princípios mais complexos do procedimento. Tornar-se tecnicamente proficiente no campo de atuação é essencial para o alto desempenho.

Darlene ficou intrigada com as novas tecnologias no diagnóstico e tratamento médicos. Como ajudante de enfermeira no Mercy Hospital, ela observava, mas não operava esses novos equipamentos. Em toda oportunidade, Darlene descia para o departamento onde estavam sendo usados esses equipamentos. Ela falava com os técnicos e adquiria literatura com a qual podia se inteirar. Tinha especial interesse no uso da máquina de ultrassonografia, que é usada para identificar muitos problemas internos ao corpo do paciente. Ela então se matriculou em um programa de treinamento e, ao receber o certificado, tornou-se especialista em ultrassonografia e foi transferida para um trabalho em período integral para essa função. A maioria das pessoas que obteve esse certificado ficaria satisfeita em conseguir esse emprego, mas Darlene quis ser mais do que apenas uma boa profissional. Almejava ser a melhor técnica possível. Continuou os estudos e se voluntariou para trabalhar em projetos especiais com os médicos que utilizavam o equipamento. Em um espaço de tempo relativamente curto, Darlene tornou-se a especialista em ultrassonografia com o maior conhecimento técnico no hospital e abriu caminho para uma carreira de sucesso em seu campo de atuação.

Treinamento

O treinamento não para depois que o profissional adquire a competência técnica. Até mesmo os melhores atletas continuam treinando, independentemente do quão bem-sucedidos sejam. Eles sabem que a necessidade de treinamento nunca acaba.

Sam é um vendedor de sucesso que não acredita que vá algum dia concluir seu treinamento. "Há tanto que aprender", ele se queixa. Todo ano, Sam faz pelo menos um curso em vendas ou sobre produto. Ele programa um horário toda semana para ler livros e ouvir CDs de treinamento. Isso resulta na melhoria contínua do desempenho de Sam no atendimento aos clientes e no aumento das vendas.

Ensine aos outros

Outra forma de aperfeiçoar nossas próprias habilidades é ensiná-las aos outros. Isso nos permite não apenas revisar de forma sistemática o que temos feito, e reforçar isso para nós mesmos, como também aprender com as pessoas a quem ensinamos, ou seja, os trainees. As perguntas e as sugestões feitas pelos trainees podem levar a mais conhecimento sobre o nosso campo de atuação.

Ann é supervisora de processamento de texto para um comitê de ação política. Com a proximidade da época de eleição, ela contratou dois operadores adicionais e teve que treiná-los. Para garantir que esses trainees fossem treinados com rapidez e eficiência, Ann elaborou um plano de treinamento. O processo de desenvolvimento desse plano forçou Ann a repensar várias das técnicas que ela própria vinha utilizando. Ela se lembrou de algumas técnicas e abordagens especiais que não usava havia anos e introduziu novas ideias. Uma vez iniciado o treinamento, a interação entre Ann e os trainees a estimulou a melhorar o próprio desempenho para aumentar sua produtividade pessoal.

Tentativa

Os campeões nunca dizem: "Isso não pode ser feito." Eles tentam encontrar uma maneira de superar os obstáculos. Nem mesmo os campeões vencem sempre, mas eles nunca perdem sem antes tentar vencer.

Norman Strauss, um empreiteiro de pintura industrial da cidade de Nova York, se deparou com um grande problema. O prazo de entrega de sua proposta de licitação para o serviço de pintura do Madison Square Garden, a maior arena esportiva coberta de Nova York, estava previsto para o fim da semana.

O maior problema era pintar o teto, que ficava a 33,5 metros do chão. A forma usual de se alcançar o teto era por meio de uma plataforma de tubo sobre a qual ficariam os pintores enquanto estivessem pulverizando a tinta no teto. O custo de construção da plataforma era o mesmo para todos os licitantes. A única forma de reduzir de forma significativa o lance da proposta seria encontrar algum modo de pintar o teto sem construir a plataforma de tubo. Todos sabiam que isso não poderia ser feito, então por que se preocupar?

Mas Norman Strauss não desistiu tão fácil. Ele acreditava que, para alcançar o sucesso, não se devia nunca parar de tentar solucionar um problema. A caminho de casa naquela noite, Norman observou uma empresa de energia elétrica repintando um enorme poste de rua. Para alcançar a parte superior, eles estavam usando um caminhão com um elevador sobre o capô que podia ser elevado a vários níveis de alturas. "Por que não usar esses caminhões para alcançar o teto do Madison Square Garden?", pensou Norman. Uma pesquisa no dia seguinte mostrou que aquilo era viável e econômico. Strauss foi capaz de apresentar uma proposta de licitação significativamente menor do que a dos concorrentes e obteve o trabalho.

Pense

O último passo da preparação para melhorar o desempenho é pensar. Antes de iniciar o jogo ou o trabalho, é essencial que se pense sobre ele. Um bom jogador de golfe pensa como vai fazer a tacada antes da primeira jogada. Um excelente profissional pensa como o trabalho será executado antes de começar o projeto.

Em uma operação complexa, muitas vezes se deve gastar o mesmo montante de tempo tanto com o planejamento quanto com o trabalho em si. Antes de fazer um telefonema de vendas, o representante de vendas bem-sucedido pensa cuidadosamente sobre todos os possíveis problemas que possam ocorrer e a forma como podem ser resolvidos. Os executivos pensam sobre todos os desdobramentos que quaisquer de suas decisões podem causar antes da tomada das decisões. Isso também vale para profissionais de alto desempenho no teatro, cinema, televisão e esportes.

Podemos nos tornar excelentes profissionais empregando totalmente nossos esforços com cuidado, tornando-nos tecnicamente proficientes e dando continuidade ao treinamento, ensinando os outros, e sempre tentando, sobretudo quando as coisas ficam difíceis.

O processo de desempenho

Os padrões de desempenho em geral são baseados na experiência dos trabalhadores que fizeram algum tipo de trabalho durante um período de tempo. Independentemente de os padrões abrangerem quantidade ou qualidade de trabalho ou outros aspectos deste, eles devem atender aos critérios a seguir:

Específico. Toda pessoa que realiza um trabalho deve saber exatamente o que se espera dela.

Mensurável. A empresa deve ter um critério para que o desempenho possa ser medido. É fácil medir o desempenho quando um padrão é quantificável, porém é mais difícil (mas não impossível) quando tal padrão não é viável. Quando não é viável a mensuração numérica, alguns dos critérios podem incluir conclusão oportuna de tarefa, introdução de novos conceitos ou contribuição para atividades de equipe.

Realista. A menos que os padrões sejam alcançáveis, as pessoas os consideram injustos e resistem em trabalhar com a orientação deles.

A Descrição dos Resultados de Desempenho (DRD)

A melhoria do desempenho, o seu próprio e o de seus funcionários, deve ser alcançada de maneira sistemática. Começa com a avaliação de sua própria posição e dos resultados que são de sua responsabilidade, ao fim do dia, do mês e do ano. Continua tanto para cima como para baixo na organização, de modo a assegurar que exista um alinhamento desde o alto até o baixo escalão.

O primeiro passo é determinar exatamente o que se quer realizar nesse trabalho e a forma como isso será medido. Para fazer isso, deve-se criar uma Descrição dos Resultados de Desempenho (DRD). Diferente da descrição de trabalho tradicional, que se concentra em definir quais atividades ou tarefas devem ser feitas, a DRD é uma imagem de como deve ser o trabalho quando ele está sendo bem-feito.

Trata-se de uma visão orientada para resultados que permite aos gerentes e empregados traçarem uma trajetória a partir da visão, da missão e dos valores da organização em direção aos objetivos mensuráveis do trabalho dos indivíduos. A DRD não apenas os ajuda a descobrir e a delinear as funções de trabalho de cada um, às quais nos referimos como Áreas-Chave de Resultados (ACRs), como também mede a conclusão bemsucedida daquelas áreas por meio de padrões de desempenho definidos com clareza. Esse documento é uma ferramenta de alinhamento que estabelece a responsabilidade individual de forma bem definida de toda a equipe, do departamento e da organização.

Uma vez feito isso, todos na organização passam a se concentrar na realização da visão, da missão, dos valores e dos objetivos do trabalho diariamente. Essa ferramenta ajuda a delinear e a medir objetivos, a proporcionar incumbências claras e a estabelecer responsabilidades. As pessoas usam tecnologia para monitorar a velocidade e o desempenho de um carro com o velocímetro e o medidor de gasolina. Os líderes ajudam a definir o desempenho ao identificar as ACRs e os padrões de desempenho relevantes no local de trabalho. Esse sistema permite que as pessoas meçam e monitorem o próprio desempenho, ao mesmo tempo que minimiza a necessidade de sistemas tradicionais de medição e disciplina.

A análise começa no topo, com a visão, a missão e os valores da organização, depois segue para os resultados individuais que estão sempre alinhados com os da equipe, da gerência e da missão da organização.

Quando maximizamos o processo de desempenho, criamos por meio da nossa liderança um ambiente em que as pessoas são livres tanto para atingir os resultados que a organização precisa para permanecer competitiva e ultrapassar as expectativas dos clientes, quanto para crescerem pessoal e profissionalmente.

Principais componentes da DRD

Ao desenvolver a DRD para uma posição de trabalho, deve-se determinar:
- Qual é a finalidade desse cargo? Em outras palavras, por que esse cargo existe?
- Com que estamos comprometidos neste trabalho e por quê?
- Quais são as ACRs — as áreas em que os resultados específicos devem ser atingidos e, quando atingidos, cumprem a função do trabalho?
- Esses objetivos estão alinhados com o objetivo da posição e com a visão e missão da organização?

Padrões de desempenho devem ser específicos

Para garantir que essas ACRs sejam determinadas de modo satisfatório, os padrões de desempenho precisam ser específicos, mensuráveis, alcançáveis, orientados para resultados e divididos em fases. Entre itens a serem especificados estão:
- Prazos

- Custos
- Deveres
- Atividades exigidas para o cumprimento da ACR
- Habilidades, conhecimento e capacidades
- O que for necessário para cumprir a ACR

Padrões de desempenho devem ser mensuráveis

Os padrões de desempenho são condições mensuráveis tangíveis que devem existir antes que o trabalho possa ser bem realizado. Tais padrões são focados nos resultados, e não nas atividades. Eles devem ser orientados para resultados.

Embora possamos criar nossos próprios padrões, uma vez redigidos, eles são negociados de comum acordo com o próximo nível de gerenciamento. Durante o desempenho, pode-se demonstrar se cada um dos padrões foi ou não alcançado. Isso torna o desempenho objetivo, em vez de subjetivo, e elimina o medo do processo de revisão de desempenho.

Veja aqui algumas perguntas de "prova de fogo" usadas para determinar os pontos fortes de um padrão de desempenho:

- Está sob nosso controle ou domínio?
- Estamos medindo resultados ou apenas quantificando as atividades?
- Onde estamos esperando perfeição?
- Há alguma chance de mau entendimento dos termos ou da linguagem? Por exemplo, palavras tais como: "bom", "muitos", "eficaz", "bem-feito", "bem-sucedido", "melhor" etc. não são mensuráveis nem fáceis de graduar.

Qualquer idiota pode criticar, condenar e reclamar, mas é preciso caráter e autocontrole para ter compreensão e perdoar.

DALE CARNEGIE

Segue abaixo uma lista de exemplos de padrões de desempenho. É claro que cada posição de trabalho requer análise individual. Esses exemplos servem para ilustrar o processo.

- Um mínimo de 30% de aumento de negócios no ano fiscal 2010/2011 foi proveniente de novos clientes.
- Todos os funcionários concluíram sua recertificação anual obrigatória no mês de aniversário de sua entrada no emprego, conforme exigido nas normas das agências certificadoras.
- Todos os funcionários participaram de uma reunião de treinamento por semana nos últimos seis meses.
- As reclamações dos clientes sobre entregas atrasadas foram reduzidas em 20% durante o ano fiscal 2010/2011.
- A reestruturação da reunião de orientação dos empregados com fim a torná-la mais agradável para o pessoal foi concluída em 15 de junho de 2010.
- A equipe de vendas aumentou o nível de repetição de negócios dos clientes atuais na área farmacêutica em 17%, entre 1º de abril e 30 de setembro de 2010.
- A quantidade de arrombamentos e vandalismo em nossa filial foi reduzida em 50% durante o ano fiscal 2010/2011, resultando em 10% de prêmios de seguro mais baixos.
- Todas as datas-limite de design gráfico foram cumpridas todas as vezes com cada cliente.

Avaliações Formais de Desempenho

Na maioria das organizações, uma Avaliação Formal de Desempenho é em geral conduzida anualmente. Muitos líderes incluem uma avaliação informal semestral ou trimestral como meio de ajudar os funcionários a terem consciência de seu progresso.

A importância das avaliações formais

- Promover uma estrutura de trabalho para discutir o registro de trabalho geral da pessoa. O líder pode usar essa reunião para elogiar um empregado em reconhecimento aos seus sucessos no passado e promover sugestões para contribuições ainda maiores.
- Permitir aos líderes a comparação de todos os membros do grupo com os mesmos critérios.
- Fornecer dados úteis para a determinação de que tipo de treinamento adicional os funcionários precisam.
- Em muitas empresas, as avaliações formais se constituem no principal fator na determinação dos aumentos de salário e de gratificações.
- O fato de serem formais faz com que sejam tomadas com mais seriedade do que os comentários informais sobre desempenho.
- Podem ser usadas como um veículo para estabelecimento de objetivos, planejamento de carreira e crescimento pessoal.

Desvantagens das Avaliações de Desempenho

- Podem ser estressantes tanto para os líderes quanto para os funcionários.

- Causam tanto desconforto em alguns líderes, por deixarem os funcionários descontentes, que os líderes superestimam o desempenho dos funcionários.
- Muitos sistemas formais são inadequados, complicados ou mal concebidos, o que cria mais problemas do que soluções.
- Em algumas avaliações, os bons empregados são subestimados porque os supervisores têm medo de que esses empregados possam se tornar concorrentes.

Uma Avaliação de Desempenho estabelecida de forma adequada pode ser uma experiência muito estimulante tanto para os empregados quanto para os gerentes. Para torná-la mais eficaz, não a trate como um confronto. Em vez disso, trate-a como um intercâmbio significativo de duas vias, que leva ao comprometimento dos funcionários em alcançar melhorias e em estabelecer objetivos para o ano seguinte e que, por sua vez, vai legar uma experiência de trabalho mais produtiva e satisfatória.

Escolhendo o melhor sistema

Há muitos sistemas de Avaliação Formal de Desempenho que podem ser usados. Vamos examinar os programas utilizados com mais frequência:

Sistemas baseados em características pessoais

O sistema de avaliação mais comum é o que se baseia "características pessoais", em que várias características pessoais são listadas e cada uma delas é medida a partir de uma escala que varia entre insatisfatório e excelente. Veja um exemplo típico:

Características pessoais:

- Quantidade de trabalho
- Qualidade do trabalho
- Conhecimento do cargo
- Confiabilidade
- Capacidade de receber instrução
- Iniciativa
- Criatividade
- Cooperação

Classificações:

- Excelente   5 pontos
- Bom   4 pontos
- Mediano   3 pontos
- Precisa de melhorias 2 pontos
- Insatisfatório   1 ponto

Esse sistema, à primeira vista, parece ser simples de administrar e fácil de entender, mas é cheio de problemas:
- Tendência central. Em vez de avaliar com cuidado cada uma das características pessoais, é muito mais fácil classificá-las como medianas ou próximas da mediana (a classificação central).
- O "efeito halo". Conforme discutido anteriormente neste livro, alguns gerentes ficam tão impressionados com uma característica do profissional que classificam todas as demais nos níveis mais altos. O oposto é o "efeito forquilha".

- Preconceitos pessoais. Os gerentes são humanos e, como tais, têm preconceitos pessoais a favor e contra outras pessoas. Esses preconceitos podem influenciar qualquer tipo de classificação, mas o sistema de características pessoais é particularmente vulnerável.
- Último comportamento. É fácil lembrar o que os empregados fizeram durante os últimos meses, mas os gerentes tendem a esquecer o que eles fizeram na primeira parte de um período de classificação.

Como a avaliação baseada nas características pessoais é medida em termos numéricos, é tentador usar as pontuações para fazer uma comparação entre os funcionários. Algumas empresas incentivam o uso da curva de sino para fazer tais classificações. O conceito da curva de sino baseia-se na suposição de que, em uma população grande, a maioria das pessoas cai na categoria mediana (no meio), um número menor delas nas categorias pior do que a média e melhor do que a média, e um número menor ainda nas categorias mais alta e mais baixa.

O problema com o uso da curva de sino nas avaliações de empregados é que em grupos pequenos provavelmente não haverá esse tipo de distribuição. Assim, tal avaliação pode funcionar de forma injusta contra os trabalhadores de nível superior e inferior.

Por exemplo, suponha que Carla seja uma funcionária brilhante que trabalha em um departamento no qual todos são funcionários brilhantes. No entanto, mesmo sendo brilhante, Carla está um nível abaixo do restante do grupo. Em uma curva de sino para aquela equipe, ela seria classificada como "insatisfatória". Em qualquer outro grupo, ela provavelmente seria classificada como "excelente".

Em outro caso, suponha que o trabalho de Harold seja pouco satisfatório, mas que seu grupo como um todo tenha um desempenho abaixo da média. Comparado com os outros, usando-se a curva de sino, temos que classificá-lo como "excelente".

Todo gerente e líder de grupo deve se informar com cuidado sobre o significado de cada categoria e a definição de cada característica pessoal. A compreensão em relação à *quantidade* e *qualidade* é relativamente fácil. Mas o que quer dizer *confiabilidade*? Como são medidas a *iniciativa*, a *criatividade* e outras características intangíveis? Ao desenvolver programas de treinamento que incluem discussões, desempenho de funções e estudos de caso, podem ser estabelecidos padrões que todos entendam e usem.

Estabeleça critérios para classificações. É fácil identificar empregados superiores e insatisfatórios, mas é difícil fazer diferenciação entre as pessoas nas três categorias do meio.

Mantenha um registro contínuo do desempenho de cada empregado ao longo do ano. Não é necessário registrar o desempenho médio, mas é preciso observar qualquer coisa especial que cada pessoa realize ou deixe de realizar. Algumas observações no lado positivo podem dizer, por exemplo, "Ultrapassou a cota em 20%", "Concluiu o projeto dois dias antes do prazo" ou "Fez uma sugestão que reduziu em um terço o tempo requerido para um trabalho". Observações no lado negativo podem dizer "Teve que refazer o relatório por causa de erros graves" ou "Foi repreendido por estender o horário do almoço em três dias este mês".

Faça um esforço para ter consciência de seus preconceitos pessoais e supere-os.

Reúna informações. Tenha exemplos específicos de desempenho e de comportamento excepcional e insatisfatório para embasar a avaliação.

Avaliações baseadas em resultados

Em vez de classificar os funcionários com base na opinião sobre suas várias características, existe um sistema de avaliação mais eficaz que se concentra na obtenção de resultados específicos. As classificações baseadas em resultados podem ser usadas em qualquer situação em que os resultados são passíveis de medição. Esse sistema é obviamente mais fácil de usar quando há fatores quantificáveis (tais como volume de vendas ou unidades de produção), mas também é útil em áreas intangíveis como na realização de objetivos específicos para o desenvolvimento da gestão, no alcance de objetivos pessoais e na realização de esforços colaborativos.

Em um sistema de avaliação baseado em resultados, as pessoas que fazem a avaliação não têm que contar com seu julgamento pessoal das características abstratas. Pelo contrário, podem se concentrar no que era esperado dos empregados e na forma como eles atenderam ou chegaram perto dessas expectativas. As expectativas são definidas de comum acordo no início de um período e medidas ao fim deste. Naquele momento, definem-se novos objetivos a serem medidos ao fim do período seguinte.

Veja como esse sistema funciona:
- Para cada posição de trabalho, o gerente e as pessoas que fazem o trabalho entram em acordo sobre as ACRs (Áreas-Chave de Resultados) para aquela ocupação. Os empregados devem obter os resultados nessas áreas para atingir aqueles objetivos.
- O líder e as pessoas designadas para a ocupação estabelecem os resultados que são esperados de cada pessoa em cada uma das ACRs.

- Durante uma revisão formal, os resultados obtidos pelo funcionário em cada uma das ACRs são medidos em função do que era esperado.
- Em algumas organizações, usa-se uma escala numérica para classificar os empregados em relação à proximidade com que chegam de atingir seus objetivos. Em outras, não são dadas pontuações, mas é elaborado um relatório narrativo para resumir o que foi realizado e para comentar sobre sua importância.

Algumas empresas solicitam que os funcionários apresentem relatórios de progresso mensais elaborados no mesmo formato da revisão anual. Essa técnica possibilita tanto ao funcionário quanto ao líder monitorarem o progresso. Ao estudar os relatórios mensais, fica mais fácil elaborar e discutir a revisão anual.

Quando lidar com pessoas, lembre-se de que você não está lidando com criaturas de lógica, mas com criaturas de emoção.
DALE CARNEGIE

A avaliação 360 graus

As avaliações de vários níveis, abordagem que se torna cada vez mais popular, são usadas para identificar como um gerente é visto por seus chefes, colegas, subordinados e até por pessoas de fora (por exemplo, fornecedores e clientes). Normalmente referidas como avaliações 360 graus, elas são adotadas por empresas como a General Electric, a Exxon Mobil e outras empresas que constam da revista *Fortune 500*.

Não nos vemos como as outras pessoas nos veem. Percebemos as nossas ações como racionais, as nossas ideias como sólidas e as nossas decisões como significativas. Tradicionalmente, o desempenho é avaliado apenas pelo próprio gerente. Isso de fato nos dá uma noção de como o nosso trabalho é percebido por aquela pessoa, mas ela não é a única com quem interagimos.

Ainda mais complexa é a avaliação dos gerentes seniores, que muitas vezes não são avaliados. Quando esses executivos são avaliados por seus colegas e subordinados, eles podem aprender coisas sobre seu estilo de gerenciamento das quais não estavam cientes. Muitos ficam chocados ao saber como são percebidos pelas pessoas e, como resultado, tomam medidas para mudar seu estilo de gerenciamento.

Apesar das vantagens das avaliações de vários níveis, também há potenciais desvantagens. O feedback pode machucar. Os avaliadores nem sempre são gentis e positivos. Algumas pessoas veem seu papel como assessores como uma oportunidade de criticar o comportamento dos outros no trabalho.

Outra falha diz respeito às opiniões conflitantes. Quem decide quem está certo? Ou se uma avaliação é tendenciosa? Se o avaliador não gosta da pessoa que está sendo avaliada, as respostas podem ser distorcidas negativamente e, se o avaliador for um amigo, a avaliação pode ser distorcida para o lado positivo. Muitas vezes, as pessoas que classificam seus chefes ou outros altos executivos temem que seja perigoso avaliar de forma completamente verdadeira.

Para garantir que a avaliação 360 graus tenha uma chance melhor de produzir uma mudança, recomenda-se que:

- A avaliação seja anônima e confidencial.
- Para ter conhecimento o suficiente da pessoa a ser classificada, os avaliadores devem ter trabalhado com o avaliado por pelo menos seis meses.
- Os avaliadores devem fazer comentários por escrito, assim como classificações numéricas. Isso permite que suas avaliações sejam mais específicas e significativas.
- Para evitar a "fadiga da pesquisa", não use as avaliações 360 graus para muitos funcionários de uma só vez.

Entrevistas de avaliação de empregado

Independente de utilizar um sistema baseado em resultados ou um sistema de pontuação, os resultados devem ser comunicados ao empregado. Quando perguntam aos supervisores qual aspecto do trabalho de que menos gostam, em geral o primeiro é a demissão de funcionários, mas logo em seguida vem a entrevista de avaliação. Os supervisores não se importam de falar coisas boas para seu pessoal, mas ficam desconfortáveis em discutir fatos negativos. É claro, isso também vale para os empregados. Eles temem a entrevista de avaliação e, com frequência, ficam nervosos, tensos ou defensivos. Para tornar essa entrevista consistente e produtiva, ambas as partes devem comparecer ao encontro com o sentimento de que esse é um exercício construtivo.

Preparo para a entrevista

As entrevistas de avaliação efetiva devem ser planejadas com cuidado. Antes de sentar-se com o empregado, o líder deve estudar a avaliação em si. É útil fazer uma lista das principais áreas a serem cobertas. Observe todos os aspectos positivos do desempenho, e não apenas as áreas em que são necessárias melhorias. Estude avaliações anteriores. Observe todas as melhorias que foram feitas desde a última avaliação. Prepare perguntas pertinentes sobre ações passadas, medidas a serem tomadas para melhorias e objetivos futuros.

Devemos relembrar o máximo que pudermos sobre os padrões de comportamento dos empregados. Eles têm problemas ou idiossincrasias especiais? Se essa pessoa for conhecida por ser beligerante, negativa, emotiva ou se, de outra forma, puder tornar a entrevista difícil, esteja preparado para lidar com isso.

A reunião deve ser agendada com poucos dias de antecedência. Sugira que o empregado revise o próprio desempenho antes da reunião. Muitas empresas dão aos empregados um formulário de avaliação em branco e pedem a eles uma classificação pessoal. Isso lhes dá a chance de fazer um exame sério e sistemático do próprio desempenho e de se preparar para discutir esses pontos na reunião.

Discuta o desempenho

Uma vez estabelecida uma relação harmônica com o entrevistado, devemos destacar as áreas do trabalho em que a pessoa se sobressaiu e aquelas em que os padrões foram atendidos. Ao dar exemplos específicos, o empregado vai saber que você realmente tem conhecimento de suas qualidades positivas. Incentive o empregado a fazer comentários. Ouça de forma atenta e, em seguida, discuta aqueles aspectos do desempenho ou do comportamento que não atenderam aos padrões. Seja específico. É muito mais eficaz dar alguns exemplos de onde o empregado ficou abaixo das expectativas do que apenas dizer: "O seu trabalho não é lá essas coisas." Os padrões de desempenho devem ser enunciados de forma clara e compreendidos pelos empregados. Não deve ser surpresa para eles que lhes digam que não atenderam aos padrões. Ao mostrar as tarefas em que houve um excesso de erros ou lembrar prazos não cumpridos, isso será reforçado de uma maneira positiva.

Em todos os casos, a nossa concentração deve ser no trabalho, e não na pessoa. Nunca diga: "Você não era bom." Em vez disso, diga: "O trabalho não atendeu aos padrões."

Se os problemas não estiverem relacionados a desempenho, mas a comportamento, dê exemplos também. "Ao longo dos últimos meses, eu falei com você sobre seus atrasos. Você é um bom trabalhador, e suas oportunidades nesta empresa seriam muito maiores se você pudesse simplesmente chegar no horário."

Obtenha sugestão de melhoria do empregado

Uma vez apresentada a situação, em vez de fazer recomendações para melhorias, peça sugestões aos empregados. Alguns empregados resistirão a isso. Eles vão apresentar desculpas, álibis e justificativas para ações passadas, em vez de antecipar melhorias futuras. Ouça-os com empatia e incentive-os a colocar tudo para fora de seu sistema. Uma vez feito isso, eles vão ficar mais propensos a enfrentar a real situação e vir com ideias viáveis.

Pergunte: "De que forma eu posso ajudá-lo a melhorar o seu desempenho?" Aceite suas recomendações onde for possível e trabalhe com eles um plano de ação sobre a forma como isso pode ser alcançado. Muitas vezes pode ser útil sugerir um treinamento adicional no próprio local de trabalho ou por meio de fontes externas.

Nós conhecemos o nosso pessoal e, se julgarmos pouco provável que determinado empregado tenha sugestões construtivas, devemos estar preparados para propor algumas das nossas próprias sugestões.

Estabeleça objetivos

Caso tenham sido estabelecidos objetivos na revisão anual anterior, revise-os. Se esses objetivos foram alcançados, parabenize o empregado e tome conhecimento apenas do que foi feito para cumpri-los. Se os objetivos não foram alcançados, descubra o porquê e determine o que pode ser feito para alcançá-los durante o próximo período.

A entrevista de avaliação não é apenas uma revisão do passado, mas também um plano para o futuro. Pergunte: "O que você gostaria de realizar ao longo dos próximos 12 meses?" Procure saber sobre os objetivos de produção, as mudanças de comportamento e os planos de avanço. Podem ser incluídos também objetivos pessoais, tais como especializações, participação em atividades profissionais ou em associações comerciais, ou outros esforços fora do trabalho que reforcem a carreira do empregado. Como gerente, devemos ser solidários, mas não fazer nenhuma promessa ou dar falsas esperanças para o avanço ou crescimento na carreira que possam estar além do que podemos oferecer.

Faça com que o empregado escreva cada objetivo e que, próximo a ele, indique o que planeja fazer para atingir o objetivo. Deixe uma cópia com o empregado e guarde a outra junto com o formulário de avaliação. No ano seguinte, podemos usar o material na entrevista de avaliação.

A maior parte das coisas importantes no mundo é realizada por pessoas que continuam tentando mesmo quando parece não haver mais esperança.

DALE CARNEGIE

Resuma

Ao fim da reunião, devemos solicitar que o avaliado resuma o que foi discutido. Certifique-se de que ele compreende plenamente os prós e os contras de desempenho e de comportamento, os planos e os objetivos para o próximo período e quaisquer outros aspectos pertinentes. Mantenha um registro por escrito desses pontos.

A menos que o empregado esteja fazendo um trabalho ruim, e essa avaliação seja uma "última chance" antes da demissão, finalize a reunião com uma observação positiva. "No geral, você teve um bom progresso este ano. Estou confiante de que você vai continuar a fazer um bom trabalho."

O processo de avaliação de empregado, se gerido de forma apropriada, pode ser uma experiência estimulante tanto para o empregado quanto para o supervisor. A entrevista não deve ser um confronto, e sim um intercâmbio significativo de duas vias, que leve o empregado a se comprometer em alcançar a melhoria e a estabelecer e implementar objetivos para o ano seguinte, conduzindo a uma experiência de trabalho mais produtiva e satisfatória.

PONTOS IMPORTANTES

- Para cada trabalho, estabeleça padrões de desempenho que sejam compreendidos de forma clara e aceitos por aqueles que vão desempenhar o trabalho.
- Quando as pessoas sabem o que é esperado delas, podem monitorar o próprio desempenho de forma contínua.
- Se for utilizar o método de características pessoais para avaliar os funcionários, tenha cuidado para evitar os perigos da tendência central, dos efeitos halo e forquilha, dos preconceitos pessoais e da ênfase nos comportamentos mais recentes.
- As avaliações orientadas para resultados medem o desempenho real em comparação às expectativas predeterminadas.
- Não tema a revisão de desempenho. Pode ser uma experiência benéfica e útil. Podemos torná-la ainda mais proveitosa se, na reunião de revisão, estivermos preparados para lidar com ela de maneira construtiva.
- O que FAZER nas Avaliações de Desempenho:
  - Desenvolva uma reserva de boa vontade. Seja digno de confiança.
  - Deixe que o avaliado reveja todos os dados antes da reunião.
  - Comece com os aspectos positivos.
  - Seja um *coach*.
  - Coloque o sucesso em evidência.
  - Use dados precisos para a sua avaliação.
  - Aplique o treinamento (*coaching*) e corrija. Despersonalize os erros.
  - Deixe que a outra pessoa salve as aparências.

- Elogie toda melhoria, por menor que seja. Seja caloroso na aprovação e generoso no elogio.
- Tenha expectativa quanto a melhorias.
- Desenvolva um plano mútuo de melhoria.
- Revise a Descrição dos Resultados de Desempenho (DRD) e estabeleça novos padrões de desempenho quando apropriado.
- Finalize a avaliação com confiança e de acordo com a expectativa.

• E o que NÃO FAZER nas Avaliações de Desempenho:
  - Não traia revelações confidenciais.
  - Não poupe nenhuma surpresa desagradável.
  - Não resmungue ou lamente.
  - Não seja um adversário.
  - Não se concentre exclusivamente nas falhas.
  - Não critique, condene ou reclame.
  - Não lance mão de ataque pessoal.
  - Não humilhe a outra pessoa.
  - Não espere milagres.
  - Não ignore o empregado até a próxima avaliação e nem espere muita melhoria.
  - Não finalize a avaliação com uma observação negativa.

CAPÍTULO 6

Seja um *coach*

É provável que a parte mais desafiadora da função de líder seja moldar os membros individuais da equipe em uma unidade dinâmica, interativa e de alto desempenho. Ao acompanhar como os treinadores esportivos moldam seus times, os líderes de equipes de trabalho podem aprender com eles.

Os líderes fazem isso ao ajudar os membros da equipe a desenvolver seus talentos até uma capacidade ideal, e ao manter a equipe atenta aos objetivos da organização e aos últimos métodos e técnicas que permitam alcançar esses objetivos. Os líderes ajudam a equipe a aprender o que não sabe e a aperfeiçoar aquilo que já sabe.

Um bom exemplo é Bob, um vendedor experiente recém-contratado pela empresa. Em função de seu histórico de sucesso, Bob não esperava que seu gerente fosse lhe dar muito treinamento. Ele pressupôs que receberia orientação sobre a linha de produtos e que seria enviado a campo. O gerente de Bob, porém, insistiu em lhe dar o mesmo treinamento extensivo de um *trai-*

nee de vendas menos experiente. Bob compreendeu. Ele tinha sido campeão de corrida no colégio e, apesar disso, seu técnico na universidade lhe deu tanta atenção e treinamento quanto àqueles membros do time que nunca tinham competido antes. Os gerentes bem-sucedidos têm isso em mente ao trazerem um novo empregado. Mesmo que ele tenha tido experiência anterior, é necessário trabalhar os enfoques da empresa para o cargo, que podem diferir da experiência passada do empregado. A maioria dos gerentes não hesitará em fazer isso com uma pessoa que não teve experiência anterior, mas muitas vezes deixa de fazer com o pessoal experiente.

Ajudando os membros da equipe a assumirem o controle da posição de trabalho

Nosso grupo, ou equipe de trabalho, é composto por indivíduos. Cada uma das pessoas no grupo contribui para o sucesso da missão da equipe. Para alcançá-lo, cada membros deve ser qualificado no trabalho que desempenha e motivado a fazê-lo de forma esplêndida.

Veja algumas sugestões que funcionam para muitos líderes:
- O líder encoraja os empregados a dominarem suas funções. Quando conhecem bem o trabalho e o desempenham de maneira profissional, os funcionários estão no caminho certo em direção ao domínio de sua vida profissional. O *coach* não apenas treina novos membros do grupo nos aspectos básicos de suas funções, mas também trabalha com todos os membros para mantê-los à frente dos mais recentes métodos, tecnologias e inovações. Além disso, o líder incentiva os membros a

tomarem a iniciativa de incrementar seu conhecimento — através de leituras, cursos, seminários e da aprendizagem com os outros —, não apenas no que se refere a aspectos específicos das funções desempenhadas naquele momento, como também na ampliação do conhecimento relacionado à sua profissão e à sua área de qualificação. Isso dá ao funcionário uma sensação de conforto e confiança quando confrontado com novos desafios que possam surgir.

- O treinamento nunca acaba. As técnicas de treinamento podem ser aprendidas observando-se um técnico de esportes. O treinador profissional, seja um *coach* ou um gerente, vai dar início ao treinamento com uma orientação completa sobre o que deve ser adquirido nele. Isso pode ser feito em sessões em grupo (em caso de ter mais de uma pessoa a ser treinada) ou por meio de discussões individuais. Materiais de treinamento, tais como manuais, filmes ou gravações, são úteis neste momento.

Elena, a gerente de processamento de dados para uma distribuidora de utilidades domésticas, tem um histórico de sucesso invejável em fazer com que os novos funcionários comecem a trabalhar rapidamente. Quando um novo empregado ingressa no departamento, Elena trabalha com essa pessoa de modo quase exclusivo por vários dias no início. Ela diz: "Quanto mais tempo gasto antes, melhor será a taxa de sucesso." Durante esse treinamento inicial, Elena fornece aos funcionários uma revisão minuciosa dos princípios básicos dos computadores usados no departamento, independentemente do nível de experiência em informática dos novos empregados. Ela afirma que isso contribui para que eles comecem de forma correta e

ajuda a eliminar quaisquer vícios herdados de empregos anteriores.
- O treinamento não termina quando o novo empregado tem permissão para trabalhar de forma independente. A continuidade do treinamento e a reciclagem do funcionário devem fazer parte da função do gerente, não importa há quanto tempo o empregado faça parte da equipe. Os líderes de sucesso não apenas concentram os esforços de treinamento naquelas pessoas cujo desempenho não esteja satisfatório, como também adquirem o hábito de trabalhar com todo o seu pessoal de maneira regular. Assim como um *coach* de um time esportivo que permanece em constante alerta para identificar áreas em que possam ser feitas melhorias para cada membro da equipe, os supervisores bem-sucedidos também procuram trabalhar com cada um dos funcionários para aprimorar suas habilidades de modo que possam se tornar ainda mais eficazes em suas atividades.
- Os gerentes devem ter conferências de treinamento individuais com cada um dos funcionários e reuniões em grupo para toda a equipe. O gerente deve estar sempre atento para quaisquer variações no desempenho de todos os subordinados e dar a eles sugestões e orientações (*coaching*) para melhorar.
- Tenha como alvo a excelência. Na maioria das equipes há membros que, sabidamente, podem ter um melhor desempenho. Eles fazem um trabalho satisfatório, e até mesmo bom, porém é possível ver neles um potencial que ainda não foi alcançado.

Um exemplo: Cathy, líder de uma equipe de desenvolvimento de mercado, percebeu que uma funcionária,

Christine, era um desses casos. Ela marcou uma reunião com Christine e lhe disse: "Seu trabalho é bom, não tenho reclamações quanto a isso, mas eu sei que você poderia e deveria fazer melhor. Se você fosse menos brilhante, eu estaria satisfeita com o que você tem feito, mas vejo que você tem capacidade para ser uma das melhores profissionais desta empresa. Ao estar satisfeita com um desempenho mediano, você não está mirando alto o suficiente. Vamos desenvolver juntas um plano para ajudar você a alcançar o que é capaz de alcançar."

Em conjunto, elas estabeleceram objetivos e um plano para obtê-los. Foram estabelecidos padrões para que pudessem medir a distância em que Christine se encontrava em relação àqueles objetivos. Elas se encontravam periodicamente para avaliar o progresso da funcionária. Dentro de poucos meses, Christine estava realizando um trabalho bem mais eficaz e estava no caminho certo para uma carreira emocionante e gratificante.

- Faça com que o membro participe. Conforme discutido anteriormente neste livro, foi mostrado que, quando participam das decisões que as afetam, as pessoas têm maior propensão a trabalhar com afinco para realizar as metas. Quando se designa um novo projeto, em vez de dizer aos participantes como fazê-lo, devemos trabalhar junto com eles para estabelecer os procedimentos. Dar-lhes algum controle sobre o modo como será feito o projeto é outra maneira de ajudá-los a assumir responsabilidade sobre suas atividades.

- Estimule a criatividade. A maioria das pessoas sente que tem algum controle sobre seu emprego quando suas sugestões e ideias são levadas a sério. Ninguém espera que todas as suas sugestões sejam aceitas, mas esperam que sejam consideradas com seriedade. Devemos criar um clima de inovação. Isso oferece a oportunidade aos funcionários de criticar as práticas atuais e de dar ideias de melhorias. Mantenha a mente aberta para novas ideias. O velho ditado "Em time que está ganhando não se mexe" deve ser substituído por "Em time que está ganhando também se mexe".

- Não desista de um funcionário facilmente. Erros serão cometidos. Use-os como ferramentas para melhorar o trabalho daquela pessoa. Quando as pessoas aprendem com os erros, têm menor probabilidade de repeti-los.
- Estimule todos os membros da equipe a repensarem seu trabalho e a saberem que as suas opiniões, não importa o quanto possam parecer radicais, serão ouvidas.

Dez dicas sobre treinamento (*Coaching*) de funcionários

1. Reúna-se com cada um dos funcionários com regularidade para identificar o que eles podem fazer para se tornarem mais eficazes e o que você pode fazer para ajudar.
2. Não espere uma revisão de desempenho formal para enfrentar um desempenho fraco. Tome medidas para corrigi-lo assim que ele for notado.
3. Mantenha um registro contínuo do progresso de cada um dos funcionários. Inclua exemplos de sucessos e de fracassos. Observe as áreas em que são necessárias melhorias. Especifique as recomendações para o crescimento de cada um deles.

4. Ao treinar funcionários, tenha em mente que as pessoas dominam as tarefas a passos pequenos. Elabore o treinamento de forma a, primeiro, dar ao funcionário pequenas tarefas e, então, trabalhe até as tarefas mais complexas.
5. Estimule os aprendizes lentos com elogios em relação a seus esforços, reforçando o treinamento para ajudá-los a acompanhar os outros.
6. Em vez de trabalhar para atingir vários objetivos ao mesmo tempo, ajude os funcionários a construírem suas habilidades trabalhando em prol de um objetivo por vez. Uma vez a caminho de satisfazer um objetivo, acrescente outro objetivo.
7. Devemos ser um modelo para os funcionários através da nossa própria busca pela aprendizagem e quanto à aplicação de novas abordagens em relação ao trabalho.
8. Dê dicas, informações e ideias adquiridas para os membros da equipe. Isso pode ser feito por meio de artigos que lemos e disponibilizamos para leitura, recursos da Internet que retransmitimos via e-mail ou por compartilhamento verbal de novos conceitos.
9. Atribua responsabilidades de um projeto aos funcionários, em parte ou no todo, e dê-lhes a liberdade de realizá-las sem a sua interferência.
10. Se a sessão de treinamento (*coaching*) não resultou em melhoria, responda às perguntas a seguir:
    · Qual foi o propósito da sessão de treinamento (*coaching*)?
    · O que fiz para alcançar o propósito?
    · Quais medidas resultaram da sessão?

Faça com que os membros da equipe respondam às mesmas perguntas e compare os resultados.

O treinamento (*Coaching*) da equipe

Como muito trabalho hoje é feito em equipe, não basta treinar cada membro da equipe para ter um desempenho excelente. Também é importante fundir o grupo em uma unidade de trabalho coordenado.

Para uma nova equipe, o treinamento começa com uma orientação detalhada dos objetivos do grupo, ou seja, o que é esperado de cada um dos funcionários e da equipe como um todo. Isso pode ser feito em sessões em grupo ou, quando é adicionado um novo membro, um a um.

Vamos ver o exemplo de Erica, líder da equipe de tecnologia da informação. Quando um novo projeto é atribuído à equipe, Erica passa o primeiro dia ou mais, a partir da atribuição, discutindo o projeto com os membros da equipe, tanto individual quanto coletivamente. Ela comentou: "Quanto mais tempo gasto antes, melhor será a taxa de sucesso." Ela se baseia na experiência que vários membros de equipe tiveram com projetos semelhantes e, juntos, planejam a operação como um todo. À medida que o projeto avança, ela se mantém atualizada sobre o progresso de cada um dos funcionários e se apressa em dar assistência, treinamento adicional ou o que for necessário para torná-los mais eficazes no trabalho.

Conversas estimulantes

Tal como o *coach* esportivo que tem conversas estimulantes com o time antes do jogo e durante os intervalos, os líderes de equipe também acham que as conversas estimulantes aumentam a produção e revigoram os membros quando o entusiasmo diminui. Uma conversa estimulante é mais do que gritar "Vai, equipe. Vai!" O líder de equipe eficaz fornece ao grupo a capacidade de compreender o que eles precisam mudar para serem membros de uma equipe mais eficaz e trabalha com eles para executar tais mudanças.

As conversas estimulantes ajudam a impulsionar a equipe para a frente no curto prazo e, muitas vezes, é o suficiente para tirá-las de uma rotina. Para um efeito mais duradouro, devemos manter a equipe atenta ao seu progresso. É importante elogiar cada realização, celebrar quando objetivos intermediários são atingidos e cumprimentar os membros da equipe em reconhecimento por realizarem um trabalho excepcional.

Os bons líderes, como bons *coaches*, treinam as pessoas para que conversem entre si de forma estimulante. Ao mostrarem aos funcionários que eles têm confiança na própria capacidade e, ao ajudá-los a desenvolver essa autoconfiança, os gerentes estão desempenhando uma das funções mais importantes de seus cargos como gerente/*coach*. Os *coaches* bem-sucedidos trabalham com pessoas para manter o ânimo geral quando elas estão depressivas, para treiná-las outra vez quando se esquecem dos fundamentos do trabalho, para enaltecê-las quando de seus triunfos, para entender suas personalidades e para modelar programas motivacionais a fim de tirar proveito desses fatores. Os *coaches* eficazes não desistem facilmente quando algumas pessoas não atendem às expectativas. Eles trabalham junto com seu pessoal e fazem o melhor que podem para elevá-los aos padrões mais altos estabelecidos para a equipe.

Se os gerentes podem executar isso é porque conhecem os funcionários e compreendem as diferenças individuais. Conforme destacado anteriormente, as pessoas não são todas iguais, e um dos grandes erros na tentativa de motivar as pessoas é presumir que todos desejam a mesma coisa do emprego. Pode ser que seja necessário fazer um programa motivacional sob medida para cada empregado. O mais comum é que os supervisores achem que cada pessoa é motivada por coisas muito diferentes. No entanto, há determinados fatores que podem ser encontrados na maioria dos sistemas motivacionais.

Os bons líderes reconhecem o desempenho excelente assim como cada uma das melhorias. Quando são cumpridas realizações especiais, o líder elogia a equipe e reitera como os esforços de cooperação de todos os membros contribuíram para aquele sucesso. Um dos gerentes adquire o hábito de fazer uma festa improvisada com sorvete ou pizza quando uma parte significativa de um projeto é concluída com êxito. Outro gerente organiza um churrasco em sua casa para todos os membros quando um projeto particularmente complexo é finalizado.

Os *coaches* bem-sucedidos trabalham com os membros de equipe para manter o ânimo geral quando eles estão depressivos, para treiná-los outra vez quando precisam aprimorar suas habilidades, para enaltecê-los quando de seus triunfos e para construir um espírito de grupo na equipe.

A mudança gera desconforto. É por isso que as pessoas costumam voltar ao seu antigo modo de agir se o reforço e a recompensa não se fizerem presentes. O hábito é mais forte do que o conhecimento.

Coach e *trainee* devem acreditar no objetivo

Um dos conceitos mais importantes em treinamento é ter uma visão ou um objetivo final em mente. Sem isso, as pessoas muitas vezes perdem de vista a importância de fazer as mudanças necessárias. A forma como criamos essa imagem do que é possível é o componente central dessa etapa do processo de treinamento (*coaching*).

As pessoas que têm visão clara de qual é o resultado final do treinamento (*coaching*) tendem a se mover naquela direção de modo mais rápido do que aquelas que não a têm. Mas é essencial que tanto o *coach* quanto o *trainee* tenham um objetivo. Se não houver senso de propriedade, pode-se perder a motivação. Nós nos concentraremos em motivação e na maior adesão na próxima etapa do processo, mas este é o ponto em que a direção e a motivação começam de fato.

Estabeleça a atitude certa

O quanto realmente conhecemos o nosso pessoal pode determinar a rapidez com que saberemos que temos as pessoas certas para a função e como elas são motivadas. Essa etapa é uma parte crítica do processo de treinamento eficaz. Sem ela, gasta-se muito tempo apenas para vencer resistências.

Ouve-se com frequência que as pessoas resistem a mudanças. Não é verdade. As pessoas resistem à mudança quando: 1) não veem a necessidade dela; 2) não querem fazer isso; ou 3) acreditam que a mudança não é possível para elas. Sempre que as pessoas são solicitadas a mudar sem concordar, elas criam resistência. O *coach* eficaz estabelece uma atmosfera em que as pessoas são motivadas de forma consistente a atingir altos níveis de desempenho.

Forneça recursos

O gerente eficaz assegura que todos os recursos necessários para o processo de treinamento estejam disponíveis. Esses incluem tempo, dinheiro, equipamentos, subsídios para treinamento, informações, anuência e suporte do nível superior e, o mais importante, o compromisso pessoal pelo êxito de todos os envolvidos.

Temos que garantir que os recursos adequados estejam no lugar e disponíveis. Nada é mais frustrante do que não conseguir obter aquilo que nos foi prometido. Isso pode fazer com que todos se sintam como se tivessem sido expostos à falha.

Identifique os pontos fortes e as oportunidades de melhoria

A prática também permite que o *coach* identifique os pontos fortes e as oportunidades de melhoria. Veja a seguir alguns dos pontos a serem considerados:

- Como incentivar os outros em direção ao sucesso.
- Com que intensidade o acompanhamento deve ser feito e quando suspendê-lo.
- Como manter os outros responsáveis pelo avanço.
- Como reforçar. Fazer progresso é uma coisa, mas, sem um modo de reforçar e de mantê-lo, as pessoas podem voltar rapidamente para a maneira com a qual faziam as coisas antes. Uma das maiores falácias sustentadas pelos gerentes é a de supor que, se sabem sobre algo, as pessoas vão saber como lidar com aquilo. As pessoas não fazem o que elas sabem, e sim o que elas sempre fizeram.

Algumas das qualificações que devemos perseguir no reforço de treinamento (*coaching*) são:

- Capacitar as pessoas para que obtenham resultados depois de terem aprendido as novas qualificações.
- Dar o tipo certo de feedback.

- Fazer o acompanhamento.
- Lidar com questões que não envolvam o desempenho.
- Lidar com os erros e com as pessoas que perdem o rumo.

Recompense a realização

Uma das melhores maneiras de consolidar o crescimento e o avanço é por meio de recompensa. O que se recompensa se repete. O que se repete se torna hábito. A mudança gera desconforto. É por isso que as pessoas costumam voltar ao seu antigo modo de agir se o reforço e a recompensa não se fizerem presentes. O hábito é mais forte do que o conhecimento. Sugestões de como recompensar e elogiar foram discutidas no Capítulo 3.

Seja um mentor e desenvolva os outros para serem mentores

Uma das melhores abordagens para desenvolver a equipe é encorajar os funcionários experientes a se tornarem mentores para os novatos. Por exemplo, um gerente de alto escalão coloca um empregado mais jovem sob sua asa e se torna um mentor daquele funcionário. Isso proporciona àquela pessoa não apenas um ponto de partida para o avanço, mas também o *know-how* do trabalho, as sutilezas e nuances inerentes ao negócio da empresa e os "truques do negócio".

Seria um grande benefício para as organizações se todos tivessem um mentor. Como líderes, devemos considerar a função de aconselhar através da figura do mentor, ou seja, a mentoria, como exigência não apenas do cargo de liderança, como também de todos os membros experientes da equipe. Estruturar um programa de mentoria, e atribuir aos melhores profissionais da equipe a responsabilidade de aconselhar um novo empregado, é um grande passo para tornar o recém-chegado produtivo e direcioná-lo para o crescimento pessoal.

Os líderes de organizações são pessoas ocupadas. Muitas vezes simplesmente não têm tempo suficiente para os subordinados, sobretudo para os novatos da equipe. Uma das soluções: indicar um membro experiente da equipe para se tornar mentor do profissional iniciante. Não selecione sempre o mesmo membro para o papel de mentor. Todo funcionário deve ter a oportunidade de assumir essa função.

Um programa de mentoria estruturado requer que as pessoas escolhidas para serem mentoras estejam dispostas a assumir o posto. Obrigar alguém a ser mentor é autodestrutivo. Nem todos estão interessados ou qualificados para serem mentores. Entretanto, se em nosso julgamento a pessoa que declina a atribuição é realmente qualificada para tal, mas é tímida ou não tem autoconfiança, devemos ter uma conversa em particular sobre a forma como o membro e a equipe se beneficiarão a partir do momento que a tarefa for aceita. Os novos mentores devem ser treinados por pessoas experientes na arte de aconselhar.

Tanto o mentor quanto a pessoa que é aconselhada se beneficiam do processo de mentoria. É óbvio que aqueles que são aconselhados pelo mentor aprendem muito com o processo, mas também os mentores saem ganhando ao incrementar suas habilidades a fim de poder transmiti-las. Isso aumenta o senso de responsabilidade dos mentores à medida que eles orientam os pupilos através do labirinto das diretrizes e políticas da empresa. Isso também os torna mais eficazes nas relações interpessoais.

Dez dicas para os novos mentores

Quando designados para a função de mentor, devemos aprender o máximo possível sobre a arte de aconselhar. Se você teve uma experiência pessoal bem-sucedida com um mentor, use-a como modelo. Se não teve, busque outro membro que tenha sido um mentor de sucesso e aprenda com ele.

Veja aqui dez aspectos para você ter em mente:

1. Conheça o trabalho. Revise os fundamentos. Relembre os problemas enfrentados anteriormente e a forma como lidamos com eles. Esteja preparado para responder às perguntas sobre cada um dos aspectos do trabalho.
2. Conheça o máximo que puder sobre a empresa. Uma das principais funções de um mentor é ajudar o aprendiz a superar os obstáculos das diretrizes e práticas da empresa que lhe são desconhecidas. Como está na empresa há algum tempo, você conhece o funcionamento interno da organização, a verdadeira estrutura de poder e as políticas da empresa.
3. Conheça o pupilo. Para ser um mentor eficaz, deve reservar um tempo para aprender o máximo que puder sobre a pessoa que está orientando. Aprenda sobre sua formação, experiência anterior de trabalho, função atual e muito mais. Conheça seus objetivos, ambições e outros interesses. Observe os traços de personalidade. Habitue-se aos modos preferidos de comunicação do aprendiz: frente a frente, memorandos por escrito, telefone, e-mail, Twitter, mensagem de texto etc.
4. Aprenda a ensinar. Se tiver um mínimo de experiência com ensino, pegue dicas sobre métodos de ensino com

os melhores treinadores que você conhece. Leia artigos e livros sobre técnicas de treinamento.
5. Aprenda a aprender. É essencial dar continuidade ao aprendizado, não apenas das últimas técnicas em sua própria área, mas também das evoluções em seu setor, na comunidade de negócios e no campo da gestão como um todo.
6. Seja paciente. Algumas pessoas aprendem mais devagar do que outras. Isso não significa que sejam estúpidas. Se a pessoa que você está orientando não tem capacidade para captar de imediato, seja paciente. Os aprendizes lentos muitas vezes se transformam em membros produtivos da equipe.
7. Tenha tato. O mentor não é um sargento que treina um recruta para sobreviver em combate. Seja gentil, cortês e amável, mas seja firme, de modo que o aprendiz saiba que você espera o melhor.
8. Não tenha medo de assumir riscos. Dê ao pupilo atribuições que desafiem suas capacidades. Deixe o aprendiz saber que podem ocorrer falhas, mas que a melhor maneira de crescer é assumindo tarefas difíceis. As falhas devem ser encaradas como uma experiência de aprendizagem.
9. Celebre sucessos. Deixe o aprendiz saber que você está orgulhoso das realizações e do progresso dele. Quando algo especialmente significativo for conquistado, faça uma grande comemoração.
10. Encoraje o pupilo a se tornar um mentor. A melhor recompensa que você pode obter sendo um mentor é a de o aprendiz, após acabar a necessidade da orientação, dar continuidade ao processo, tornando-se um mentor.

> O homem bem-sucedido vai tirar proveito de seus erros e tentará outra vez de uma maneira diferente.
>
> DALE CARNEGIE

Corrigindo erros

Até mesmo as melhores pessoas cometem erros em suas profissões de vez em quando. É de responsabilidade do gerente a correção desses erros. Para manter o moral e conseguir o melhor de nosso pessoal, devemos fazer isso sem causar ressentimento e sem deixar o funcionário se sentindo fracassado ou inferior. Embora possamos ficar frustrados, chateados ou mesmo furiosos com a situação, essa não é a hora nem o lugar para perder o bom humor, vociferar, se exaltar e repreender a pessoa que cometeu o erro. Resolva qualquer situação tão logo ela apareça. Inseguros em relação à nossa capacidade de comunicar uma atitude imediata de forma adequada, nós muitas vezes esperamos até que a situação chegue a proporções intoleráveis e, então, explodimos em um acesso de raiva. Por isso, aja no mesmo instante, enquanto a situação e as suas reações são gerenciáveis.

Os nove "Rs" da correção de erros

Aqui estão algumas sugestões de como corrigir erros de forma diplomática, de como ensinar ao funcionário a fazer correções e de como evitar cometer erros futuros.

1. Rever os fatos
Faça a lição de casa para ter certeza de que tem todos os fatos antes de discutir com o funcionário. O objetivo não é construir um caso, e sim reunir informações. Devemos manter a mente aberta e olhar outra vez os fatos para compreender melhor as motivações.

2. Relacionamento
Quando se encontrar com a pessoa que cometeu o erro, o melhor a fazer é deixá-la à vontade e procurar reduzir a ansiedade. Uma das formas de fazer isso é começar com uma apreciação sincera que esteja apoiada por uma evidência. Em vez de simplesmente fazer um elogio vazio, escolha um comportamento que você tenha observado. Tenha a política de manter as suas relações de negócios aquecidas, de modo que a outra pessoa esteja aberta para a sua opinião.

Conduza a discussão em particular. Não diga ou faça nada que possa fazer com que a pessoa se sinta embaraçada ou envergonhada diante dos outros.

Adote a atitude e as ações que você gostaria que a outra pessoa adotasse. Se falarmos de modo tranquilo e com calma, é provável que a outra pessoa aja também dessa forma. Se entendermos a falha como pequena e fácil de corrigir, a outra pessoa pode adotar a mesma atitude.

3. Relacionar-se com a situação
O essencial para o sucesso na correção de um problema é concentrar-se no problema e não na pessoa. Elimine os pronomes pessoais e despersonalize o problema. Era a ação que estava errada, e não o indivíduo. Deve-se dar ao outro a chance de explicar o que aconteceu e, em seguida, deixar que ele saiba que você

está a par do problema. Você deve escutar para que possa compreender e determinar se a pessoa aceita a responsabilidade ou inventa desculpas e se exime dela. O seu objetivo é reunir fatos e informações para que seja possível identificar de forma precisa o problema e determinar o porquê disso ter acontecido. Ao reduzir a atitude defensiva e não tirar conclusões precipitadas é possível que surjam perspectivas diferentes e que se identifique a origem do problema.

Em vez de vincular um rótulo ao indivíduo, devemos expressar nossos comentários com termos não acusatórios. Veja alguns exemplos:

Em vez de dizer "Não há informação suficiente sobre as questões de segurança no relatório", diga "Esse relatório é muito abrangente. Ele poderia ser ainda mais eficaz se a parte sobre segurança fosse mais detalhada...".

Em vez de comentar "Por que você foi tão descuidado com essas estatísticas?", proponha, se apropriado, uma etapa de ação adequada: "Joe Smith tem os números mais recentes de que você precisa. Você pode obtê-los com ele hoje?" ou "Você vai falar com a Mary Ross da X-Tech para informá-la da data corrigida de envio?"

A forma como o funcionário se relaciona com o problema, ou seja, suas ações, sua atitude e seu comportamento em relação a essa decisão, vai determinar os seus próximos passos.

4. Restaurar o desempenho

O propósito dessa etapa é remediar o problema, reduzir a chance de o erro acontecer outra vez e restaurar o desempenho da pessoa. Isso também envolve planejamento para encontrar uma maneira de evitar que o problema ocorra de novo.

Essa etapa deve ser tratada de forma diferenciada entre o funcionário que aceita a responsabilidade e aquele que inventa desculpas e se exime de assumir responsabilidade. Com o empregado responsável é possível interrogá-lo, escutá-lo e aplicar-lhe treinamento (*coaching*) de modo a encorajá-lo a sugerir formas de corrigir a situação. Envolva esse empregado na análise do problema e no processo de tomada de decisão.

Com o empregado que "inventa desculpas" ou "se exime" da responsabilidade o gerente pode primeiro ter que reafirmar as expectativas em relação ao desempenho e orientar a pessoa a aceitar a responsabilidade e a restaurar sua posição quanto a essa responsabilidade.

5. Reassegurar

Essa etapa se concentra na pessoa. É óbvio que uma pessoa que tenha cometido um erro pode se sentir um fracasso, até certo ponto, e é provável que fique menos disposta a tratar a próxima oportunidade com confiança. Por isso, o gerente precisa ajudar o funcionário a ver a situação em um contexto diferente.

O empregado tem a necessidade de ter certeza de seu valor e de sua importância para a organização, e do apoio e incentivo do gerente. O funcionário deve sair da reunião motivado para atingir um ótimo desempenho e, para isso, tem que perceber que tem uma relação sólida com a organização.

A pessoa que "inventa desculpas" ou "se exime" da responsabilidade deve sair com um senso de responsabilidade quanto aos seus atos e uma compreensão em relação às expectativas da empresa. Essa pessoa deve entender também que você está interessado e comprometido com o sucesso e o crescimento dela.

6. Reter

Ao lidar bem com as etapas anteriores ampliam-se as chances de reter o funcionário, além de aumentar o seu comprometimento. Além disso, reforça-se o moral de toda a equipe. Isso gera confiança e aumenta o nível de comprometimento e da ética no trabalho.

7. Reapresentar
No entanto, às vezes as pessoas resistem aos nossos esforços de resolver a situação ou melhorar o desempenho, ou se recusam a se envolver com a questão. Em tais casos, o próximo passo é voltar a expor os fatos, a gravidade, a diretriz e o remédio para o problema. Isso dá à pessoa mais uma chance de fazer a coisa certa.

8. Repreender
Quando a pessoa se recusa a aceitar a responsabilidade, pode ser preciso chamar a atenção dela de alguma maneira, de modo formal, antes de tomar outra atitude. A maioria das organizações estabelece diretrizes e procedimentos que devem ser seguidos antes que possam ser tomadas medidas disciplinares. Isso é particularmente importante em empresas com contratos, seja com empregados individuais ou com um sindicato. Como conduzir essas repreensões é discutido no Capítulo 9.

9. Remover
Às vezes achamos que o empregado não serve para uma tarefa ou projeto em particular ou, em alguns casos, para grande parte das atividades do departamento. Pode ser que seja necessário explorar seus pontos fortes, interesses e objetivos e buscar uma posição dentro da empresa em que ele se adapte melhor. É uma injustiça para com os empregados e para com as empresas quando se perpetua uma situação em que os indivíduos acham que nunca conseguem ser bem-sucedidos.

O último recurso, após as tentativas de orientar o funcionário para o desempenho desejado não terem surtido efeito, é removê-lo dessa área de responsabilidade e recolocá-lo, transferi-lo ou demiti-lo da organização. Lembre-se de cumprir com todas as diretrizes dela ao tomar essa decisão.

PONTOS IMPORTANTES

- A função do líder é assegurar que todos os membros do grupo ou da equipe tenham conhecimento dos objetivos da organização e dos métodos e técnicas mais recentes que lhes permitam alcançar tais objetivos. O líder ajuda os funcionários a aprender o que não sabem e a aperfeiçoar aquilo que já sabem.
- Assim como um *coach* de um time esportivo permanece em constante alerta para identificar as áreas em que possam ser feitas melhorias para cada membro da equipe, os supervisores bem-sucedidos também procuram trabalhar com cada um dos funcionários para aprimorar suas habilidades de modo que possam se tornar ainda mais eficazes em suas atividades.
- Como muito trabalho hoje é feito em equipe, não basta treinar cada membro da equipe para ter um desempenho excelente. Também é importante fundir o grupo em uma unidade de trabalho coordenado.
- Tal como o *coach* esportivo que tem conversas estimulantes com o time antes do jogo e durante os intervalos, os líderes de equipe também acham que as conversas estimulantes aumentam a produção e revigoram os membros quando o entusiasmo diminui.

- Os bons líderes reconhecem cada uma das melhorias e das boas ideias. Quando são cumpridas realizações especiais, o líder elogia a equipe e reitera como os esforços de cooperação de todos os membros contribuíram para aquele sucesso.
- Uma das melhores abordagens para desenvolver a equipe é orientar seus membros através da figura do mentor. Isso proporciona ao aprendiz não apenas um ponto de partida para o avanço, mas também o *know-how* do trabalho, o funcionamento da empresa e os "truques do negócio".
- Para evitar ressentimento e garantir a cooperação, quando for necessário corrigir os erros de um empregado, concentre-se no problema e não na pessoa.
- Para lidar com empregados que falharam em cumprir os padrões de desempenho, siga a abordagem dos nove "Rs".

CAPÍTULO 7

Delegando sem medo

Delegar é o processo através do qual o gerente atribui, a um ou mais funcionários, os deveres e responsabilidades a serem executados, assim como define a autoridade compatível com tais responsabilidades. Ao estabelecer e comunicar os padrões de desempenho, o gerente cria responsabilidades para o empregado. É através da divisão das funções, por meio da atribuição de deveres combinada com o desígnio de autoridade e responsabilidade, que os gerentes administram as atividades em vez de executá-las.

Razões para delegar

Gerentes podem optar por delegar por muitas razões. Algumas delas são:
- Uma mudança na carga de trabalho, que o libera para trabalhar em outras tarefas que podem ser mais com-

plexas, de maior prioridade, ou que exijam atenção pessoal.
- Delegar gera a oportunidade de desenvolver os funcionários por meio da ampliação de suas atribuições.
- Permite que se tire proveito das habilidades especializadas ou das preferências dos outros profissionais da equipe.
- Possibilita distribuir a carga de trabalho, proporcionando com isso a aceleração do processo de realização do trabalho como um todo.

Não tenha medo de delegar

Para que a maioria dos supervisores ou gerentes cumpra todas as suas atividades, é essencial delegar parte do trabalho a subordinados. No entanto, muitos gerentes têm medo de delegar. Veja alguns dos motivos desse medo:
- Medo de mudança e do desconhecido.
- Incapacidade ou falta de vontade ou uma conhecida tendência para a microgestão.
- Acreditar que é a única pessoa que pode executar o trabalho de forma adequada.
- Relutância em desistir de fazer algo que gosta.
- Falta de confiança nos subordinados ou em suas capacidades de desempenho, e a crença de que "se quer algo bem-feito, tem que fazer você mesmo".
- Crença de que é mais rápido e mais fácil fazer uma tarefa você mesmo do que treinar outros para fazê-la.
- Medo relacionado ao ego de que os subordinados vão nos superá-lo ou que vai se tornar dispensável.

- Falta de confiança na própria capacidade de treinar, gerenciar e lidar com outras pessoas.
- Medo de impor ou de fazer exigências aos outros, e não querer ser "o vilão".
- Medo de conflito.

Desenvolvendo a autoconfiança

Grande parte dos medos listados acima ocorre pela falta de autoconfiança. Por exemplo, Paul teme que, se um subordinado fizer muito bem um trabalho, este se transforme em uma ameaça para ele. "Se o chefe vê que um dos meus funcionários pode fazer o que eu faço, meu emprego pode estar em perigo."

Embora existam situações em que o gerente foi substituído por um subordinado com menor salário, isso em geral não acontece, necessariamente, em função do tipo de situação debatida aqui. Para dizer a verdade, o mais comum é o oposto. A maioria das empresas leva em consideração o grau de eficácia com que os gerentes desenvolvem as capacidades de seu pessoal no momento da avaliação de suas habilidades de gestão.

Ao fazer o possível para se tornar eficiente no trabalho, Paul vai ganhar o respeito dos supervisores e, por consequência, ao saber que é bom no que faz, vai desenvolver a própria autoconfiança. E, ao tornar seu pessoal mais eficaz no trabalho, vai ser capaz de realizar mais nos aspectos do trabalho que são mais importantes do que aqueles delegados aos subordinados.

O medo de Ellen é mais comum. "Se os meus subordinados não cumprirem direito a tarefa, vou ser a única a ser responsabilizada." Todos os gerentes são responsáveis pelo trabalho dos subordinados. Para que garanta que o trabalho que delegou aos outros seja feito corretamente e dentro do prazo, Ellen deve seguir os passos abaixo para planejar o que será delegado:

Planejando a atribuição

Para que qualquer atividade seja bem-sucedida é preciso que seja planejada. Com muita frequência, os supervisores não reservam um tempo para preparar as atribuições. Eles sabem o que é preciso fazer e presumem que, ao ordenar que um funcionário faça, será feito de forma adequada.

O planejamento começa com uma ideia clara do que deve ser feito. Mesmo tendo feito esse tipo de trabalho várias vezes, é importante pensar sobre isso mais uma vez. Devemos nos colocar no lugar do funcionário. Se nunca vimos esse projeto antes, o que gostaríamos de saber? Faça uma relação dos objetivos que desejamos atingir, das informações necessárias para atingi-los, materiais, ferramentas, fontes de apoio e tudo aquilo que for necessário para fazer o trabalho.

Uma parte muito importante do planejamento é determinar a quem designar a tarefa. Na seleção dessa pessoa, tenha em mente a importância da atribuição. Se for uma tarefa em que é essencial a rapidez e é necessária pouca supervisão, opte por uma pessoa que tenha demonstrado no passado a competência para esse tipo de trabalho. No entanto, caso se trate de uma área em que haja tempo suficiente para proporcionarmos orientação, pode ser vantajoso atribuir essa tarefa para uma pessoa menos habilitada e usar esse projeto como um meio de treinamento e desenvolvimento das habilidades desse funcionário.

- Determine a capacidade de cada uma das pessoas no trabalho a ser executado. Delegar uma atribuição a um funcionário que não é capaz de executá-la de forma adequada é condená-la ao fracasso. Se não tiver ninguém capacitado para tal, não tem escolha a não ser fazê-la você mesmo. Se esse for o caso, a prioridade mais alta deve ser treinar alguém para que seja capaz de lidar com essa atribuição, de modo que, da próxima vez que for necessário delegar, haja uma pessoa capacitada e disponível para a atribuição.
- Determine o quanto de treinamento, orientação e supervisão o subordinado designado para a nova incumbência pode precisar em termos de tempo e atenção, assim como quais outros recursos podem ser necessários.
- Determine qual será o impacto na carga de trabalho atual do subordinado que recebe a nova atribuição.
- Caso o subordinado recém-designado para uma nova incumbência não se reporte diretamente a você o tempo todo (por exemplo, com equipes de projeto), determine a forma como lidar com quaisquer potenciais prioridades conflitantes ou problemas com os outros supervisores.
- Além de manter um olho na tarefa em si, você deve ter em mente o aspecto humano na função de gerenciamento e liderança de pessoas. Deve usar técnicas de compreensão interpessoal para ver como os subordinados estão se sentindo em relação ao desempenho das novas atribuições. Deve estar a par do progresso no desenvolvimento deles, desenvolver confiança e inspirá-los para o desempenho, além de orientá-los para maximizar seu potencial. Você tem que criar situações que sejam mu-

tuamente vantajosas, em que todos se beneficiem dos frutos do trabalho.

O que é delegado deve ser comunicado de maneira eficaz

Barbara estava frustrada. Ela deu a Carol uma descrição detalhada do que queria que fosse feito e esta garantiu que tinha entendido. Agora, uma semana depois, Carol entregou o trabalho, que estava todo errado. Sua desculpa: "Achei que fosse o que você queria."

Como muitos supervisores, quando Carol disse que havia entendido, Barbara presumiu que ela realmente havia entendido. Para ter certeza de que um subordinado compreendeu a atribuição, não pergunte "Você entendeu?". Trata-se de uma pergunta sem sentido. Muitas vezes o subordinado pode achar que entendeu do que se trata uma tarefa que lhe foi designada, mas na verdade não entendeu e, de boa-fé, nos diz que compreendeu.

Algumas pessoas podem ficar constrangidas em dizer que não compreenderam e, então, dizem que entenderam e, depois, tentam descobrir por si mesmas. Em vez de perguntar "Você entendeu?", faça a pergunta: "O que você vai fazer?" Se a resposta indicar que não está entendido de forma clara, podemos corrigir de imediato essa percepção em relação à atribuição.

Morton estava chateado. Seu chefe tinha acabado de lhe dar um prazo que ele considerou totalmente irreal. "Ele perdeu a noção", pensou Morton. "Não há a menor condição de fazer tanto trabalho em tão pouco tempo. Vou fazer o que puder, mas sei que não vou conseguir."

Com essa atitude, é improvável que Morton cumpra o prazo. Para conseguir a total cooperação de um subordinado, é importante que essa pessoa aceite plenamente o que é solicitado. Para obter a aceitação total, primeiro deixe que o subordinado saiba da importância da tarefa e, depois, faça com que ele participe do processo de planejamento. "Morton, essa tarefa deve estar nas mãos do chefe amanhã, às 10 horas da manhã. Quando você acha que fica pronto?" Morton pode ver agora a urgência do trabalho e definir, em conjunto com quem delegou a tarefa, um prazo realista, que pode incluir a necessidade de ajuda adicional ou a autorização para fazer hora extra.

Os profissionais que delegam com eficácia concebem uma estratégia de comunicação para apresentar a atribuição aos subordinados de forma eficiente e eficaz. Isso inclui a preparação para lidar com qualquer potencial resistência, previsão de dúvidas e preocupações etc.

Dê ao subordinado as ferramentas para realizar o trabalho

Na empresa de Martha, o tempo no computador é sempre um prêmio. Quando delegou um projeto para um dos funcionários da equipe, ela esqueceu de agendar o tempo de utilização no computador. Como resultado, todo o projeto emperrou. Martha tinha a responsabilidade de assegurar que a subordinada tivesse tudo o que fosse necessário para realizar a tarefa. Ao deixar de cumprir sua responsabilidade, ela condenou o projeto ao fracasso.

Outro tipo de "ferramenta" a ser fornecida ao subordinado é a autoridade necessária para cumprir a missão. Martin foi instruído a cumprir um prazo apertado no projeto. Para isso, seria necessário fazer hora extra, mas não lhe foi dada a autoridade para requisitar a utilização de hora extra. Isso atrasou a conclusão do projeto e resultou na perda do prazo.

Obtenha um plano de ação

Em atribuições que tenham prazo relativamente grande, solicite ao subordinado que prepare um plano de ação antes de iniciar o trabalho. Isso deve incluir apenas o que deve ser feito, a programação em termos de tempo e que tipo de apoio pode ser necessário.

Paul Cullen, fundador da Cullen Electronics, estava se aposentando após trinta anos de trabalho. Seu sucessor, Frank Ames, decidiu dar uma festa de gala em reconhecimento às conquistas do fundador e nomeou o gerente de RH, Mark Lovett, para cuidar da organização do evento.

Mark precisava providenciar planos de viagem para que pessoas-chave — entre funcionários, clientes e vendedores de todo o país — comparecessem à festa. Antes de dar início à missão, ele elaborou um plano de ação para abranger todos os aspectos da incumbência, incluindo a contratação de um serviço de bufê, a escolha do local, a contratação do serviço de decoração, o envio dos convites e as reservas de voo e hotel para os convidados de fora da cidade.

O plano incluiu cronogramas para início e conclusão de cada fase e indicação do tipo de assistência necessária para cada uma das etapas. Mark fez uma revisão do plano com Mr. Ames para garantir que tudo estava de acordo com a concepção original. Mark escreveu o plano de ação para que todos os envolvidos na implementação do programa pudessem verificar, a qualquer momento, o andamento do programa e, em caso de surgir algum problema, atacá-lo logo cedo.

Estabeleça pontos de controle em momentos

Mesmo que os gerentes deleguem responsabilidade ao subordinado, eles ainda são responsabilizados. Para certificar-se de que a atribuição seja executada de forma correta e na hora devida, estabeleça reuniões de controle em momentos nos quais se possa verificar o progresso da tarefa a fim de que, caso alguma coisa dê errado, esta possa ser corrigida antes que vá longe demais.

As reuniões de controle não são inspeções feitas inesperadamente. O funcionário sabe quando vão ocorrer e o que é esperado em cada uma das reuniões. Por exemplo, Ted é designado para uma tarefa na segunda-feira e ela deve ser concluída na sexta-feira. É dito a Ted: "Vamos nos reunir amanhã às 16 horas para discutir o projeto. Até então, você deverá ter concluído as Partes A e B." Se naquele momento forem desvendados erros, eles podem ser corrigidos antes que Ted dê continuidade. Outra vantagem das reuniões de controle é que, se Ted percebe às 11 horas da manhã que não será capaz de finalizar a Parte B a tempo para a reunião de controle marcada para as 16 horas, ele pode pedir ajuda com antecedência para impedir que o projeto deixe de cumprir o prazo.

Acompanhamento

Como os gerentes são responsáveis pelas ações dos subordinados, um sistema de acompanhamento é uma ferramenta essencial de gestão. Conseguir acompanhar sem microgerenciar pode ser um assunto delicado. Quando os gerentes ficam constantemente olhando por cima dos ombros dos funcionários, isso gera um sentimento de desconfiança e pode destruir a atmosfera de cooperação e colaboração que é essencial para o verdadeiro sucesso.

O acompanhamento deve ser feito de uma forma participativa. Em vez de vigiar o trabalho ou surpreender os subordinados com inspeções inesperadas, os acompanhamentos devem ser incluídos no plano de ação. Em vez de sobrepor um plano de acompanhamento, o gerente e os subordinados devem desenvolver o plano em conjunto. As reuniões de controle devem ser incorporadas ao longo do projeto. Quando várias fases são concluídas, o gerente e as pessoas que estão executando o projeto se reúnem para examinar o que foi realizado. Os empregados devem ser encorajados a criticar o trabalho e, talvez, sugerir assuntos novos ou adicionais que possam ser incorporados na atribuição. É claro que o gerente também contribui com comentários e sugestões adequadas.

Dessa forma, o acompanhamento se torna parte da abordagem participativa e age como um estímulo para que os subordinados alcancem um sucesso ainda maior no cumprimento do desafio da missão.

As pessoas quase nunca chegam ao sucesso se não sentirem prazer no que estão fazendo.

DALE CARNEGIE

Quando se delega, não se abdica

Os gerentes devem estar disponíveis para ajudar os funcionários em caso de necessidade. Quando Duncan designou um novo projeto para Andrea, ele lhe disse: "Estou aqui para ajudá-la. Se tiver qualquer problema, não hesite em me trazer." Andrea levou isso ao pé da letra e, em vez de tentar lidar com os problemas, ela os trazia para Duncan. Além de tomar um tempo enorme de Duncan, essa ajuda não contribuiu para o desenvolvimento das qualificações de Andrea.

Na vez seguinte em que Duncan delegou um projeto para um dos funcionários, ele afirmou outra vez sua disponibilidade em ajudar, mas acrescentou: "Traga-me os problemas que surgirem, mas, junto com eles, uma sugestão de solução." Isso incentivou o profissional a pensar sobre a situação e a chegar às próprias conclusões. Duncan passou a preferir que os subordinados lhe perguntassem: "Você acha que isso vai funcionar?", em vez de: "O que devo fazer?"

Após a conclusão da atribuição

Não há uma maneira certa de fazer alguma coisa. Tudo está relacionado a alcançar com sucesso o resultado desejado no fim. Assim, mesmo que algo não seja feito exatamente como estava previsto (muito provavelmente não seria feito), não tem problema.

Pergunte a si mesmo como é o seu desempenho como gerente que delega. O que fez de certo e de errado durante esse processo? O que, se houver, você teria feito de forma diferente? O que fará de forma diferente no futuro?

Como foi o desempenho do subordinado? Será que ele se aprimorou para essa tarefa? Será que ele se esforçou em prol do desafio ou sentiu-se oprimido por achar que estava além de suas capacidades? Obtivemos feedback pessoal sobre as impressões do subordinado quanto ao desenvolvimento do trabalho? Tiramos vantagem dessa oportunidade de desenvolvimento para elogiar ou reconhecer o trabalho realizado pelo subordinado, com recompensas em caso de merecimento, assim como críticas construtivas honestas, justas e abertas?

Considere as formas com que a relação com o subordinado pode ter mudado a partir dessa experiência, o que vai acontecer daqui para a frente e como seria possível aproveitar esse progresso ou solucionar qualquer dano.

Finalmente, você não deve esquecer que é o principal responsável e que responde pelo resultado quando da apresentação deste aos seus superiores. O dever do gerente e do líder é compartilhar o crédito e celebrar o sucesso com os subordinados. Mas, o outro lado da moeda, que é o da "coroa", é aquele em que, se as coisas falharem, a culpa vai cair unicamente na cabeça do gerente/líder. Afinal de contas, é para isso que serve o gerenciamento e a liderança.

Ao seguir uma abordagem sistemática para a função de delegação, os próprios gerentes realizarão mais, uma vez que os subordinados executarão aquelas tarefas que são mais adequadas para o nível hierárquico deles, assim liberando os gerentes para um trabalho mais significativo. Como gerente, você desempenhará uma das funções mais importantes do cargo: desenvolver a capacidade dos funcionários. Delegar é um dos melhores meios de proporcionar experiência às pessoas, algo tão importante para o desenvolvimento delas.

Delegando para equipes

Quando uma organização é estruturada em equipes, o trabalho deve ser delegado e atribuído como uma atividade de equipe. Quando as pessoas têm algum controle sobre as tarefas que recebem, elas trabalham com entusiasmo e comprometimento.

Quando o chefe dá ao gerente um projeto complexo, apresente-o em sua totalidade para a equipe. Deve-se discutir com a equipe como dividir a tarefa em fases. O próximo passo, que é delegar cada uma das fases para os membros da equipe de maneira individual, é fácil. A maioria dos membros escolhe as áreas em que tem maior experiência. Se dois membros querem a mesma área, precisam decidir entre si. Porém, se a coisa ficar complicada, o gerente tem que intervir e resolver o problema com diplomacia: "Gustav fez a pesquisa no último projeto, então vamos dar à Liz uma oportunidade na área desta vez."

Determinadas fases da atribuição tendem a ser difíceis ou desagradáveis. Ninguém vai de fato se voluntariar para fazê-las. Faça com que a equipe estabeleça um sistema equitativo para a atribuição desse tipo de atividade.

Como líder de equipe, certifique-se de que cada membro esteja ciente das responsabilidades de todos os outros, assim como de sua própria. Dessa forma, todos sabem o que os demais estão fazendo e que tipo de apoio podem dar ou receber entre si.

Para manter todos informados, crie um quadro indicando cada uma das fases da atividade, os funcionários designados para elas, os prazos e outras informações pertinentes. Disponibilize o quadro no escritório, seja afixando ou enviando por e-mail ou outros recursos, a fim de facilitar a consulta.

PONTOS IMPORTANTES

Alguns pontos-chave relativos à delegação de tarefas:

- Uma vez estabelecidos os objetivos, deve-se determinar o meio de realizá-los e, depois, o trabalho a ser executado e a atribuição das incumbências.
- A necessidade de delegar tarefas surge em função de as incumbências necessárias serem muito complexas, variadas ou volumosas para que sejam cuidadas por apenas um indivíduo.
- Quando se delega a alguém tarefas e incumbências associadas, deve-se delegar também o grau adequado de autoridade necessário para executar as tarefas delegadas. Delegar a tarefa sem autonomia só vai levar à frustração e ao fracasso.
- A incumbência é a obrigação do subordinado de desempenhar as tarefas para as quais foi designado. A responsabilidade é a obrigação do subordinado de produzir os resultados desejados. A incumbência e a responsabilidade final são a obrigação global do gerente que delega para atingir os objetivos organizacionais com êxito.
- Delegar toma tempo, considerando-se que é necessário planejar, comunicar, monitorar etc., mas vai poupar tempo em longo prazo. Delegar não tem o propósito de ser uma solução rápida (embora possa acabar sendo às vezes), e sim de ser uma abordagem estratégica de longo prazo para realizar tarefas.
- Importante: lembre-se de que delegar incumbência, autoridade e responsabilidade não é delegar a responsabilidade final! O gerente que delega ainda é a pessoa que

arca com a responsabilidade final pelo desempenho das tarefas e pelo resultado final. Os gerentes e os líderes têm que lidar com os desafios de seus cargos.
- Por fim, lembre-se do ditado: "Delegar não é abdicar." E, quando a missão for concluída com sucesso, é importante não esquecer do reconhecimento e da celebração!

CAPÍTULO 8

Incentivando a inovação e a criatividade

"Mais, melhor, mais rápido" parece o mantra que ouvimos tantas vezes atualmente. Como acompanhar as mudanças e adotar um modo proativo para lidar com elas?

Não é só mudar que é tão desafiador. É a velocidade da mudança. Ela vem cada vez mais depressa. É essencial para o futuro da organização.

A capacidade de criar novos produtos ou sistemas de inovação, e de desenvolver produtos, serviços ou sistemas existentes, vem sendo estudada de muitas maneiras diferentes ao longo dos anos. Alguns pesquisadores procuraram desvendar e entender o que faz uma pessoa criativa. Outros examinaram o tipo de ambiente que estimula o esforço criativo e que lhe permite prosperar. Outros, ainda, se concentraram no desenvolvimento dos produtos e serviços criativos.

Faz séculos que as pessoas são fascinadas pelo processo criativo, uma série de passos ordenados através dos quais uma pessoa ou grupo de pessoas utilizam os princípios do pensamento criativo para analisar um problema ou oportunidade de uma forma sistemática, imparcial e, aparentemente, não convencional. Nos últimos tempos, a pesquisa moderna das ciências sociais e comportamentais desmistifica o conceito, ao mostrar a forma como até mesmo os poderes modestos de raciocínio, análise e experimentação ajudam o indivíduo a obter insights sobre a natureza da inovação e suas muitas faces e expressões.

A maior consciência e compreensão capta a imaginação dos gerentes que, atentos à qualidade, reconhecem no mundo todo os enormes benefícios do desenvolvimento dos poderes criativos e das capacidades de resolução de problemas dos funcionários. De fato, os estudos mostram que a capacidade de pensar de modo criativo, ou seja, de analisar problemas e oportunidades de maneiras novas e inovadoras, é vista como uma das habilidades mais valiosas que o indivíduo pode desenvolver dentro de si e dentro da organização.

Por quê? Porque as ideias criativas resultam em novas descobertas, melhores formas de fazer as coisas, redução de custos e melhoria de desempenho, questões estas de importância vital para os empresários que operam em ambientes competitivos modernos.

O mecanismo do pensamento

O mecanismo do pensamento do cérebro humano pode ser descrito como sendo composto de dois elementos: uma parte de pensamento criativo sem inibições, e a outra de pensamento analítico ou judicial.

O termo "pensamento do sinal verde" se aplica ao processo de pensamento mais propício para a geração de ideias. Nesse caso, enfatiza-se a quantidade, e não a qualidade de ideias.

A parte judicial da mente analisa e avalia as ideias que emanam da parte criativa desinibida. Aqui, o foco está na qualidade das ideias. O termo "pensamento do sinal vermelho" é muitas vezes usado para descrever esse processo. Os pensamentos do "sinal verde" e do "sinal vermelho" são dois processos diferentes e ambos são bons e úteis. Eles só não podem ser aplicados ao mesmo tempo. Costuma-se acender o sinal vermelho quando alguém apresenta uma ideia, porque é preciso pensar com discernimento antes de ter um conceito claro dos desdobramentos dela.

Isso não é verdade apenas em relação ao fato de pessoas serem encorajadas a terem ideias inovadoras a partir de outros, mas também no sentido de que elas internalizam isso e são relutantes em abrir as próprias mentes. Em função de grande parte dos sistemas e processos educacionais serem dedicados a desenvolver a função do pensamento judicial (isto é, uma capacidade de tomada de decisões, comparar e avaliar situações, distinguir entre o correto e o incorreto etc.), a maioria das pessoas não se dá conta da extensão da própria capacidade criativa. De fato, o potencial do ser humano nessa área está sempre presente e pode ser desenvolvido em uma escala muito maior com muita facilidade. Nunca se deve perder a confiança nas próprias capacidades criativas.

Mantenha sua mente aberta para a mudança o tempo todo. Acolha-a. Corteje-a. É apenas através da análise e do exame de suas opiniões e ideias que você pode progredir.

DALE CARNEGIE

Todos são criativos

Todos são criativos. Infelizmente, a criatividade que flui de forma tão fácil quando alimentada é cortada na maioria das pessoas, da infância em diante, pela imposição de um excesso de análise e conformidade com as figuras de autoridade em suas vidas. Com muita frequência a criatividade é bloqueada pelo "pensamento do sinal vermelho" quando se diz: "Para com isso", "É contra as diretrizes da empresa", "Nós nunca fizemos isso dessa forma". Em vez de procurar razões para não tentar novas ideias, deve-se considerar as novas ideias com mente aberta. Acenda o sinal verde. Explore ainda mais. Amplie o pensamento sobre essas ideias além do óbvio.

Gary ponderou sobre uma ideia que teve e que poderia aumentar a produtividade por meio de uma mudança simples nos métodos. Será que ele deveria contar para seu chefe? Da última vez que fez uma sugestão, o supervisor a recusou. Ele disse que não iria funcionar. Nunca sequer lhe deu a chance de explicar. Por que se preocuparia agora?

Apenas o fato de acreditar que as próprias ideias possam ser rejeitadas não deve impedir a pessoa de ser criativa. É fácil ceder ao desânimo, e, a não ser que as ideias continuem aparecendo, o próprio indivíduo pode abafar suas capacidades criativas. A inovação precisa ser aprimorada pelo uso constante.

As pessoas tendem a se censurar por se preocuparem com a forma como os outros vão receber suas ideias. A autocensura é muito pior do que a crítica dos outros, porque faz com que a pessoa se sinta inibida. Todos cometem erros, todos fazem sugestões que não dão certo, todos podem até mesmo ser ridicularizados pelo chefe ou por seus colegas. As pessoas não devem deixar que isso as impeça de seguir em frente. Einstein, Edison,

Whitney e Watt, todos foram ridicularizados muitas vezes. Deixem que essas ideias criativas venham.

Bloqueio da criatividade

Nem toda ideia vai necessariamente funcionar ou mesmo valer a pena de ser levada adiante. No entanto, se ao menos se pensar sobre ela e conversar com os outros a respeito, pode-se explorar sua viabilidade. Se for o caso de rejeitar a ideia, deve-se saber as razões para tal. Não desanime. Muitas vezes a ideia pode parecer boa, mas não servir para aplicações específicas ou não ser adequada naquele momento. Isso não significa que não seja boa. Também não deve ser interpretada como uma afronta pessoal. A ideia é que foi rejeitada, e não a pessoa que teve a ideia.

O desenvolvimento da criatividade

A maioria das pessoas não acredita que seja criativa de fato. Durante toda a vida, aprenderam que a criatividade é algum tipo de talento especial que somente artistas, inventores e gênios possuem. Não é verdade. Os psicólogos demonstraram que o pensamento criativo pode ser desenvolvido. Veja a seguir algumas das coisas que se pode fazer para se tornar mais criativo:

Observação

Não é necessário inventar novas ideias para ser criativo. Observar as coisas ao redor e aplicar o que se aprende a outras situações é tão criativo quanto a inovação total.

Gerente da Hooper Steel em Las Vegas, Stan observou que, à medida que mais postos de gasolina adotaram o sistema de "autosserviço" e deixaram de ter instalações para troca de óleo e lubrificação de carros, mais postos de lubrificação rápida surgiram para atender a essa demanda. Stan usou um deles para trocar o óleo de seu carro e ficou satisfeito com a velocidade e a qualidade do serviço.

Durante anos, a Hooper Steel mandou seus caminhões para o departamento de serviços da concessionária para as lubrificações periódicas. Era preciso enviar duas pessoas para levar o caminhão à concessionária (uma para dirigi-lo e a outra para levar ambas de carro para a loja), deixar o caminhão na concessionária o dia inteiro e retornar mais tarde para pegar o caminhão, usando de novo o tempo de duas pessoas.

"Por que não usar o posto de lubrificação rápida para os nossos caminhões?", pensou Stan. O resultado: ao enviar ao posto de lubrificação rápida um motorista que aguardasse no local a realização do serviço por trinta minutos, Stan economizou para a empresa cerca de US$1.600 por mês de custos de serviços não reembolsáveis e reduzir a perda de tempo. Além disso, eles passaram a ter o uso do caminhão na maior parte do dia.

Modificação

Pode-se modificar um conceito ou produto existente para criar algo diferente? Os fundadores do "Pense Grande" modificaram produtos padronizados fazendo versões ampliadas deles. Seus fac-símiles gigantes de produtos populares — que variam de lápis e blocos de anotação de telefone a animais e mobília — criaram um mercado todo novo de publicidade, decoração e novidades.

O crescimento da indústria eletrônica e de computadores tem como base a modificação por meio da miniaturização dos componentes e sistemas eletrônicos em microchips.

Substituição

Darlene, gerente de escritório da Mass Mailers, estava tendo dificuldade de manter funcionários em um trabalho de rotina extremamente monótono: envelopar folhetos e amostras. A natureza do trabalho não permitia que o serviço fosse realizado através de equipamento automatizado padrão. O problema não era apenas o fato de o custo dessa rotatividade de pessoal ser alto, mas o fato de Darlene nunca ter certeza de que alguém estaria lá para fazer o trabalho. Ela raciocinou que, se as pessoas denominadas "normais" achavam esse trabalho muito chato, talvez pessoas com deficiências mentais pudessem não achar. Ao preencher os postos de trabalho com esses "aprendizes lentos", Darlene conseguiu contratar trabalhadores que não ficavam entediados com o serviço e que se tornaram empregados estáveis e valorizados.

Eliminação

Gil estava furioso. A empresa em que trabalhava acrescentou mais um formulário para os vendedores preencherem. Como é que ele poderia estar lá fora vendendo se tinha tanta papelada a ser preenchida? Quando reclamou para a gerente de vendas, ela deu de ombros e disse que eles precisavam das informações "lá em cima".

Gil pegou todos os formulários que precisava completar, colocou-os lado a lado e analisou quais eram as informações requeridas. Ficou evidente que havia uma grande quantidade de dados repetidos. Em vez de reclamar, Gil elaborou um novo formulário que fornecesse os fatos necessários à gestão e que fosse fácil de preencher. Isso não apenas tornou o trabalho dos vendedores mais fácil, mas também poupou tempo e dinheiro, de modo considerável, da empresa. E com um benefício adicional: a empresa deu início a uma avaliação e revisão sistemática de todos os formulários, que levou à eliminação de muitos relatórios obsoletos e desnecessários.

Essas são apenas algumas das maneiras por meio das quais a criatividade pode ser estimulada. Ao estimular a imaginação, ao expandir os horizontes, ao romper com algumas abordagens convencionais dos problemas, é possível se tornar mais inventivo, resolver problemas difíceis e iniciar e implementar novos conceitos interessantes. Isso não apenas traz benefícios para a empresa, como proporciona aos profissionais um grande sentimento de realização quando eles veem suas ideias implementadas com êxito.

Criatividade em grupo

A maioria das pessoas visualiza a pessoa criativa como alguém que trabalha à frente do tempo e gera ideias e invenções, como Bill Gates ou Steve Jobs. Na verdade, muitos conceitos criativos vêm de grupos de pessoas que trabalham juntas. A interação e o enriquecimento mútuo de ideias estimulam a geração destas.

O velho ditado "duas cabeças pensam melhor do que uma" e sua extensão de que muitas cabeças pensam melhor do que algumas têm demonstrado ser cada vez mais verdadeiros. Os esforços em grupo nas comissões e conferências ajudam a resolver muitos problemas.

Um método que é muito usado com eficácia é o *brainstorming*. O *brainstorming* é a técnica para obter o máximo de ideias possível sobre um assunto. A diferença entre o tipo habitual de reunião e a sessão de encontro *brainstorming* é que o objetivo desta última é simplesmente gerar ideias, ou seja, o pensamento do sinal verde. Para tirar o máximo proveito de uma sessão de *brainstorming*, proíbe-se o pensamento do sinal vermelho. Os participantes não podem criticar, analisar, rejeitar ou aceitar qualquer sugestão de nenhum participante, não importa o quanto esta possa parecer ridícula, sem valor ou excelente.

O princípio psicológico por trás do *brainstorming* é chamado de disparo. Qualquer ideia pode desencadear outra ideia na mente de um ouvinte. Uma ideia tola de uma pessoa pode levar a uma ideia boa de outra. Ao permitir que os participantes pensem livremente e não se preocupem com a forma como a ideia será recebida, o *brainstorming* libera as pessoas para que expandam suas mentes e abram caminho para uma ideia que possa ter valor.

Em uma sessão típica de *brainstorming*, o grupo aborda um único assunto, este anunciado com antecedência. Depois que o mediador introduz o assunto, ele recua um passo e se torna apenas mais um membro do grupo. Uma pessoa é apontada para listar as ideias em um *flipchart*. As ideias são identificadas e registradas. Não são feitos comentários a favor ou contra. Incentiva-se a roda livre, e quanto mais impetuosa a ideia, tanto melhor. O sucesso é medido pelo número de ideias que são geradas. Os participantes são incentivados a pegar carona nas ideias que são apresentadas. Após a sessão, uma comissão revisa, investiga e analisa as ideias. Somente então o pensamento do sinal vermelho tem início.

O *brainstorming* não é apropriado para qualquer tipo de problema, mas pode ser muito útil em muitas situações. Ele funciona melhor na resolução de problemas específicos do que na determinação de objetivos de longo prazo ou de diretrizes gerais. Alguns exemplos de *brainstorming* bem-sucedidos são aqueles usados para criar o nome de um produto novo, abrir novos canais de distribuição, tornar as atividades menos enfadonhas e desenvolver abordagens não tradicionais de marketing para produtos ou serviços.

Esteja aberto a todas as ideias

"A nossa empresa é diferente." Com que frequência esta frase é ouvida dentro das empresas? Muitas empresas sentem que são únicas e que, se uma ideia, um processo ou um programa não for criado por elas, não atenderão às suas necessidades. É claro, cada empresa tem cultura e individualidade próprias, mas é possível aprender muito com as outras empresas, mesmo com aquelas em que o negócio é consideravelmente diferente.

Saia da rotina

Quando pessoas trabalham juntas por um longo tempo, elas tendem a pensar da mesma forma. As ideias apresentadas por um podem ser aceitas por todos sem análise crítica, uma vez que todos os membros do grupo pensam da mesma forma. Alfred Sloan, um dos fundadores da General Motors, reconheceu isso.

A empresa estava prestes a assumir um grande projeto. Todos os membros do grupo envolvido, incluindo Sloan, acharam que era uma boa ideia. No entanto, Sloan estava inquieto com aquilo. Disse ao grupo que eles deviam pensar de forma mais aprofundada a respeito e verificar quais problemas outras empresas podem ter tido com projetos semelhantes. Ele preparou a proposta durante vários meses.

Quando eles se reuniram novamente para tratar dessa questão, discutiram muitos problemas que tinham sido negligenciados. O que teria sido instituído sem críticas há alguns meses foi *enviado* de volta para ser seriamente reconsiderado e aprimorado.

Benchmarking

Um dos princípios básicos do conceito de Gestão de Qualidade Total é o de que as empresas de sucesso não têm medo de buscar ideias de outras organizações que possam ajudá-las a atingir seus objetivos. De fato, uma das exigências dos prêmios Malcolm Baldrige, o maior reconhecimento do governo dos EUA para a alta qualidade nos negócios, é a de que os participantes compartilhem os métodos e as técnicas usados para a obtenção do prêmio com todas as partes interessadas. Isso é chamado de "benchmarking".

Concorrentes diretos

É de se perguntar por que uma empresa de sucesso poderia querer compartilhar com os concorrentes o que a fez bem-sucedida. É verdade que muitas organizações não vão compartilhar segredos comerciais, mas muito do que gera a alta qualidade não é tanto um "segredo" e sim um processo que beneficia a todos.

Jose opera um pequeno negócio de conserto de eletrodomésticos, em Gainesville, no estado da Flórida. O negócio não está tão bem quanto ele acha que poderia estar. Jose gostaria de pedir um conselho a Carlos, um dos concorrentes bem-sucedidos, mas sabe que provavelmente será ridicularizado. Por que Carlos deveria ajudar uma pessoa que pode lhe tomar o negócio? Mas Jose não está limitado a concorrentes diretos. Ele descobre por uma publicação especializada que uma firma pequena de Pell City, no estado do Alabama, superou muitos dos problemas que ele enfrenta. Essas pessoas não são concorrentes e são mais propensas a compartilhar algumas de suas ideias com Jose. Isso poderia ser realizado com um telefonema ou, melhor ainda, com uma visita a essa firma.

Olhe para outras empresas

O seu negócio não é o único. Outros negócios bastante diferentes do seu podem ter enfrentado e resolvido problemas semelhantes, e podem estar muito dispostos a ajudar.

Um dos serviços de traslado que transporta pessoas dos subúrbios de Nova York para os aeroportos e vice-versa sofreu reclamações. Os clientes que telefonavam para solicitar os traslados tinham de esperar entre nove a dez toques antes de serem atendidos e depois eram colocados em espera por mais alguns minutos. Finalmente, quando chegavam a um atendente, tinham de responder a uma série de perguntas sobre seu traslado, mesmo que já tivessem usado o serviço repetidas vezes.

O proprietário buscou ajuda de outros transportadores em várias cidades, mas todos tinham o mesmo problema para o qual não tinham encontrado uma solução. Como na maioria dos locais aquele era o meio de transporte menos caro, eles achavam que o preço baixo justificava a espera.

Um dos empregados dessa empresa disse a seu chefe: "Eu costumava ter o mesmo problema quando encomendava mercadoria da L.L. Bean, uma empresa bem conhecida de venda direta de equipamentos e roupas para atividades de recreação ao ar livre. Eu tinha que esperar para ser atendido, e então perguntavam meu endereço, cartão de crédito, tamanhos etc. a cada vez. Agora, quando eu ligo, eles têm tudo isso no computador. Eles atendem a ligação na mesma hora e, depois que eu forneço meu nome e número de telefone, tudo o que precisam saber é o número do meu pedido. Desligo o telefone em poucos minutos."

O proprietário marcou um horário para falar com um executivo da L.L. Bean, que ficou feliz em lhe dar informações sobre o programa de computador que a empresa usava. Em poucos meses, a empresa de traslado instalou um programa semelhante que reduziu grande parte dos problemas enfrentados.

Poucos anos depois, o dono da empresa de traslado leu sobre um sistema aprimorado e aperfeiçoou o programa em uso, de modo que, quando o identificador de chamada reconhecia o número de telefone da ligação, o computador abria automaticamente o arquivo do cliente, apresentando todas as informações necessárias de imediato.

Incentive os empregados a fazerem *benchmarking*

Não só os executivos devem aprender com outras empresas. Os funcionários devem ser incentivados a aumentar suas habilidades buscando outras pessoas de suas áreas de especialização.

Melissa, uma analista de pesquisa de mercado, adquiriu o costume de participar de reuniões do escritório local da Associação Americana de Marketing. Em uma das reuniões, ela se sentou à mesa com Angela, que estava trabalhando naquele momento em um projeto de marketing que envolvia o uso de algumas novas técnicas com as quais Melissa não estava familiarizada. Angela convidou Melissa a visitar seu escritório para conhecer o sistema. Melissa pediu a seu chefe a permissão de passar algum tempo na fábrica de Angela para estudar o que estavam fazendo lá. Isso resultou no aprendizado de uma nova abordagem para o trabalho de Melissa, o que lhe permitiu realizar um trabalho mais eficaz para a empresa.

Há certa satisfação especial em solucionar problemas por conta própria, e isso não deve ser desencorajado. No entanto, não somos as únicas pessoas no mundo que enfrentam esse tipo de problema. Ao pesquisar o que é feito pelos outros e ao buscar ajuda de empresas e pessoas bem-sucedidas, poupam-se muito tempo e esforço e encontram-se soluções que devem manter a empresa e seus profissionais à frente de seus campos de atuação.

Arrisque-se

Quando Alex era ainda menino em Chicago, ele e os amigos eram fãs fervorosos do time de beisebol Cubs. Eles ficavam eufóricos quando o time vencia e tristes quando perdia. Alex sentia as perdas mais do que os amigos. Quando o Cubs perdia, ele ficava profundamente deprimido. Depois de uma temporada particularmente ruim, Alex pensou: "Não vale a pena. Nunca mais vou ficar tão envolvido com um time que possa me fazer assim tão mal." A partir daquele momento, recusou-se a se comprometer com o Cubs ou com qualquer outro time em qualquer esporte.

Alex levou esse conceito para todos os aspectos de sua vida. Sua filosofia era: "Se não me envolver demais, nunca vou poder ser ferido." Na escola e nos empregos, ele sempre ficou no meio do caminho. De fato, Alex nunca se machucou, mas também nunca teve nenhum prazer de verdade. Ao deixar de assumir o risco de que alguém ou alguma coisa de que gostava pudesse lhe fazer mal, ele evitava a "agonia da derrota", mas nunca experimentava "a emoção da vitória".

Não tema o compromisso

Teresa estava muito animada. Depois de pensar bastante, ela surgiu com uma ideia que achou que resolveria um grande problema que vinha enfrentando no trabalho. Quando apresentou essa ideia ao chefe, ele a ridicularizou: "Isso nunca vai funcionar. Volte e pense outra vez a respeito." Algumas pessoas podem aceitar esse tipo de rejeição, mas Teresa tinha tanta certeza de que funcionaria que continuou aprimorando a ideia e, com o tempo, convenceu seu chefe de que era viável.

Os inventores e inovadores sempre enfrentaram o ridículo. Foi dito a Jonas Salk, reiteradas vezes, que ele estava no caminho errado na busca pela vacina contra a poliomielite. Edison tentou e fracassou centenas de vezes antes de conseguir inventar a lâmpada. Os inventores bem-sucedidos devem estar dispostos a superar as muitas dúvidas e decepções de derrota atrás de derrota antes de alcançarem seus objetivos.

Não relute em discordar

A maioria das pessoas se sente desconfortável quando está em minoria para se opor ao modo com que os outros do grupo querem abordar um problema. Acham que, ao discordar, os outros podem desprezá-las. O caminho seguro é acompanhar a maioria e manter a divergência para si. Porém, se um indivíduo tem certeza de que o grupo pode ter negligenciado um aspecto significativo do problema, é importante que arrisque ser rejeitado e que faça um esforço para apresentar e provar aquilo em que acredita.

Assumir riscos não significa que devamos ser audaciosos. Pessoas sensatas assumem riscos sensatos, mas, por definição, um risco pode não ter êxito. Os executivos de negócios de sucesso assumem riscos a cada tomada de decisão. No entanto, eles maximizam as chances de sucesso, por meio de pesquisa e análise criteriosas, antes de tomar a decisão. Quando finalmente a decisão precisa ser tomada, porém, o gerente deve estar disposto a arriscar uma possível perda de dinheiro, tempo, energia e emoção. Sem risco, não há nenhuma possibilidade de ganho.

Os campeões assumem riscos

É o fim da nona rodada. O Blue Jays está batendo o Yankees por 2 a 1. Os dois primeiros rebatedores fazem strikeout. Dave Winfield, o rebatedor número um do Yankees, está segurando o bastão. A bola vem em linha reta. Pam! Uma rebatida limpa. Winfield corre para a primeira base. Faz isso com facilidade. Será que deveria tentar uma rebatida dupla? Em centésimos de segundo, Dave deve decidir se deve jogar de forma segura ou correr o risco de tentar aquela base extra que o colocaria na posição de pontuação. Se ele falhar, o jogo acaba. Porém, se conseguir, aumenta a possibilidade de transformar uma derrota em vitória. Winfield gosta de assumir riscos e, se houver uma chance mínima de sucesso, vai tentar fazer a rebatida dupla. Os campeões na vida, assim como nos esportes, assumem riscos. É isso que os torna campeões.

O que pode acontecer de pior?

No livro *Como evitar preocupações e começar a viver*, Dale Carnegie recomenda que, diante de um problema: "Pergunte a si mesmo: 'Qual é a pior coisa que pode acontecer?', prepare-se para aceitar o pior e tente melhorar o pior."

Por exemplo, Gil não conseguiu marcar um horário com Allen, o gerente de compras de um cliente em potencial. Ele telefonou, mandou recados e até mesmo "aguardou sentado em frente à sua porta", tudo em vão. Os colegas o aconselharam a esquecer Allen e usar suas energias e tempo para desenvolver outros clientes. Mas Gil era teimoso. Deveria haver alguma maneira de chamar a atenção de Allen. Ele soube que Allen faria uma palestra em um seminário do setor. "Se eu participar do seminário", pensou Gil, "posso abordá-lo após a palestra, fazer-lhe algumas perguntas e, depois, me identificar, de modo que ele vai pelo menos saber quem eu sou."

Os gerentes de vendas e colegas de trabalho o desanimaram. "Ele vai ficar tão bravo que nunca vai falar com ninguém dessa empresa novamente."

Gil respondeu, aplicando os princípios de Dale Carnegie. "Qual é a pior coisa que pode acontecer? Ele não vai fazer negócio conosco. Isso não é tão ruim, porque ele não faz negócios conosco no momento, logo, não temos nada a perder." "Prepare-se para aceitar o pior: se eu não causar uma boa impressão nele no encontro, vou desistir de trabalhar naquela conta." "Tente melhorar o pior: preparando com cuidado as perguntas a serem feitas, posso demonstrar que estou de fato bem informado sobre o negócio dele e isso pode superar sua relutância em me receber." Ao assumir um risco, Gil alcançou um potencial cliente "inacessível" e abriu uma conta rentável para a empresa.

> Desenvolva o sucesso a partir de suas falhas. O desânimo e o fracasso são dois dos trampolins mais seguros para o sucesso. Estude-os e enriqueça com eles. Olhe para trás. Não vê onde suas falhas o ajudaram?
>
> DALE CARNEGIE

Ser criativo exige arriscar-se a falhar

Todas as pessoas fracassam em muitas das coisas que tentam ao longo da vida, mas aprendem com os erros e usam o que aprenderam para superá-los. Na primeira vez que se tenta algo novo, é provável não ser bem-sucedido. Quando a pequena Tricia tentou montar o primeiro quebra-cabeça, chorou de frustração. As peças simplesmente não se encaixavam. Porém, com paciência e alguma orientação de sua mãe, ela começou a identificar os padrões, e, em pouco tempo, as falhas se transformaram em sucessos.

Mesmo quando se tem experiência e *know-how*, não se pode sempre ter êxito. Haverá momentos em que a pessoa realmente vai falhar, mas não se deve deixar que o conceito de fracasso cause opressão. O ser humano aprende com os próprios erros e aplica o que aprende para superar suas falhas.

Todos devem assumir riscos se quiserem progredir profissional e individualmente. Analisando-se com atenção, as chances de fracasso podem ser minimizadas, mas não se pode eliminar o fracasso. Sem sofrimento não há ganho. Ao jogar sempre de modo seguro, pode-se evitar esse sofrimento, mas nunca será possível sentir o grande prazer e a satisfação que resultam da superação dos obstáculos e da realização dos objetivos.

PONTOS IMPORTANTES

- A capacidade de pensar de modo criativo, ou seja, de analisar problemas e oportunidades de maneiras novas e inovadoras, é vista como uma das habilidades mais valiosas que o indivíduo pode desenvolver dentro de si e dentro da organização.
- Na busca de soluções, use primeiro o "pensamento do sinal verde" para desenvolver conceitos, ideias ou abordagens novas. Depois, acenda o "pensamento do sinal vermelho" para analisar e avaliar.
- Algumas coisas que se pode fazer para se tornar mais criativo:
  - Observe e aplique o que aprender a partir de uma situação para resolver um problema diferente.
  - Modifique um produto ou conceito existente para se adaptar a novas situações.
  - Substitua abordagens tradicionais menos eficazes por um método diferente.
  - Avalie sistemas e procedimentos, eliminando o que é redundante e repetido.

- Use *brainstorming* para obter uma infinidade de ideias, com participação do grupo.
- Por meio do *benchmarking* é possível aprender como outras organizações de outras áreas lidam com problemas semelhantes.
- Não tenha medo de assumir riscos razoáveis para enfrentar situações difíceis.

CAPÍTULO 9

Lidando com problemas de liderança

Quando somos promovidos ou designados para uma posição de liderança, não adquirimos automaticamente as habilidades e técnicas que nos fazem bons líderes. Temos que buscar isso. Para começar, é preciso ganhar o respeito dos nossos associados.

Seja bom no que faz

As pessoas respeitam o profissionalismo. Isso não significa que a pessoa que deu formação aos funcionários tenha que ser capaz de realizar o trabalho de cada um deles. De fato, quanto mais alto se chega no gerenciamento, menor é a probabilidade de uma pessoa ser capaz de executar muitas das tarefas que são feitas pelos subordinados. É improvável que o presidente de uma empresa consiga operar todo tipo de equipamento ou de programa de computador na organização. Mesmo nos escalões mais baixos de gerenciamento, o profissional encarregado provavelmente terá como função supervisionar pessoas que desempenham tarefas bem diferentes da dele. Mas o gerente que fizer tudo de maneira profissional terá o respeito de seu pessoal.

Trate as pessoas de forma justa

Se não lidar com os funcionários de forma justa, o gerente não só vai deixar de ganhar respeito, como vai exacerbar o ressentimento. Isso não significa que todos têm que ser administrados da mesma forma. As pessoas diferem umas das outras, e os bons líderes aprendem essas diferenças e adaptam a maneira com a qual lidam com cada uma delas levando em conta suas individualidades.

> Uma das maneiras mais seguras de fazer um amigo e de influenciar a opinião de outra pessoa é levar em consideração a opinião deles, para deixar que sustentem seu sentimento de importância.
>
> DALE CARNEGIE

Defenda a equipe

Se um departamento estiver em disputa com outro, o gerente deve defender seu pessoal mesmo que nem sempre seja politicamente vantajoso. Carey deu o melhor de si para ajudar em uma tarefa necessária para um projeto em que seu colega, Stan, estava trabalhando. Por causa de problemas técnicos com o novo software de computador, a equipe não conseguiu cumprir o prazo. Stan entrou gritando no escritório de Carey: "O que o seu pessoal está tentando fazer? A minha equipe não pode começar a nossa etapa do projeto até que você a abasteça com todos os dados. E não me venha com aquela desculpa esfarrapada de que o computador está com problema."

Carey não quis contrariar o colega, apesar de saber que a equipe tinha feito o possível para obter os dados e que ela estava realmente tendo problemas com o computador.

Ele respondeu: "Stan, estamos tão ansiosos quanto você para obter os dados em conjunto, mas o problema do computador é real, e não apenas uma desculpa. Chamei o pessoal técnico aqui para resolver o problema, e o computador deve poder operar on-line hoje."

Dê crédito às pessoas pelo que elas fizeram

Elogie as conquistas. Deixe que as pessoas saibam que o trabalho delas é apreciado. Por outro lado, uma das coisas mais devastadoras que um supervisor pode fazer é levar o crédito por algo que um de seus funcionários fez e reivindicá-lo como sendo seu.

Ouça os funcionários

Não há como manter um relacionamento permanente com os outros se não soubermos escutar. No entanto, escutar é mais do que simplesmente permanecer em pé ou sentado com os ouvidos abertos. O gerente/líder deve ser um ouvinte ativo. Os ouvintes ativos fazem perguntas sobre o que acabou de ser dito. Eles interpretam o que foi dito, como por exemplo: "Então, o modo como vejo é…" Quando percebem que estão sendo ouvidas de verdade pelo superior, as pessoas sabem que são respeitadas e isso aumentará o respeito delas para com ele.

Apoie os funcionários

Conforme discutido no Capítulo 6, dê aos funcionários as ferramentas e ensine as técnicas que permitam que eles tenham êxito no emprego. Reserve um tempo, mesmo que isso exija hora extra ou adiamento de outro projeto, para treinar o pessoal quando necessário, para aconselhá-los quando tiverem problemas e para lhes assegurar que fazem parte da equipe de funcionários.

Erros cometidos pela liderança a serem evitados

Ocupar a função de supervisor nunca é fácil e se torna particularmente difícil quando se trata da primeira vez em que se é promovido para uma posição de gerência. Veja a seguir alguns equívocos comuns muitas vezes cometidos por supervisores.

Começar com o pé esquerdo

Quando se começa uma nova missão, são os primeiros passos que determinam o clima do departamento durante os próximos meses. Se o supervisor foi promovido entre os funcionários, há uma boa chance de as outras pessoas no departamento terem disputado o cargo. Para que o supervisor seja bem-sucedido, faz-se essencial que obtenha a cooperação do pessoal do departamento. Para minimizar o descontentamento da equipe, é melhor que o supervisor *não* seja o encarregado de anunciar a promoção. O anúncio deve ser feito pela pessoa que tomou a decisão, ou seja, o chefe. Ele deve sentar-se com os candidatos não aprovados e dizer algo assim:

"Tom, como você sabe, você era uma das três pessoas que eu estava considerando para a promoção. Você é altamente qualificado, mas, como havia apenas uma vaga, eu precisei fazer uma escolha. Foi uma decisão difícil. Escolhi Susan para o cargo. Isso não é um reflexo negativo sobre o seu trabalho, mas, como ela tem um conhecimento considerável dos novos equipamentos, achei que poderia tornar o departamento mais produtivo de forma mais rápida. Estamos crescendo, novas oportunidades surgirão e você certamente será considerado. Gostaria muito que vocês dessem a Susan toda a ajuda que puderem para que este departamento chegue a um nível de produtividade elevado como sabemos que podemos chegar."

Quando Susan começar no novo cargo, ela não deve convocar uma reunião e dizer: "Sou a nova chefe deste departamento, e, de agora em diante, vamos fazer as coisas do meu jeito." Essa não é a maneira de conquistar amigos e de influenciar empregados. Em vez de convocar uma reunião, ela deve falar com cada uma das pessoas no departamento individualmente. Ela deve compartilhar algumas de suas ideias e extrair outras dos empregados. Além disso, deve solicitar a cooperação deles: "Não posso fazer este trabalho sozinha. Trata-se de um esforço em equipe. Preciso da ajuda de vocês."

Como supervisor recém-promovido ao cargo, pode ser que o profissional fique ávido por fazer mudanças imediatas e radicais na maneira como as coisas são feitas no departamento. Não faça isso! Mudança se faz por evolução, e não revolução.

Lidar com funcionários-amigos

Até que ponto um supervisor deve ser amigo dos subordinados? Ser demasiado amigável muitas vezes pode interferir no controle que o supervisor precisa exercer; já ser muito distante pode causar ressentimento e falta de cooperação. Encontrar o meio-termo não é fácil.

Antes de Barbara ser promovida a supervisora da seção de entrada de dados, ela era muito amiga de três das dez mulheres que agora supervisiona. Como chefe delas, ela deve continuar agindo da mesma maneira? Barbara gostava dessas colegas e não queria perder a amizade delas. No entanto, os outros funcionários no departamento estavam com ciúme e, apesar de Barbara ter feito o máximo que pôde para evitar quaisquer indícios de favorecimento, suas ações eram com frequência interpretadas de forma negativa.

Chateada com aquilo, Barbara pediu conselho a um gerente experiente. "Provavelmente uma das coisas mais tristes que tive que fazer em minha carreira", disse ele, "foi romper vínculos pessoais que eu tinha com ex-colegas quando mudei de posição, mas isso precisava ser feito. Não faça isso de forma súbita. Faça de forma gradual. Aos poucos, corte o convívio depois do trabalho e os almoços. Comece a comer com os outros supervisores. No começo, isso pode machucar seus velhos amigos, e você vai ficar triste, mas, se não fizer isso, você não vai conseguir dirigir o departamento de modo eficiente e suas chances de ir em frente nesta empresa serão reduzidas."

Deixar de conhecer e usar os talentos das pessoas

Claudia e Dave eram pessoas muito criativas. Tinham ideias muito boas que poderiam ter facilitado o trabalho para todos no departamento. Porém Carla, a supervisora, insistiu em que tudo fosse feito "da maneira que sempre foi feito".

Quando Carla foi repreendida por seu chefe pelo baixo nível de produção no departamento, ela se irritou: "Não é minha culpa. Meus funcionários simplesmente não se preocupam com o trabalho." Se ela tivesse usado os talentos de Claudia, de Dave e de alguns de seus outros subordinados, suas contribuições teriam melhorado a produção e eles se "preocupariam com" o trabalho, proporcionando resultados ainda melhores.

Lidando com o negativismo

Pessoas negativas podem ser encontradas na maioria das organizações. Elas sempre inventam alguma razão para se opor às novas ideias e discutem com os outros sobre todos os aspectos. Veja alguns dos problemas causados por pessoas negativas:

- Resistência à mudança. Mesmo as pessoas com uma atitude positiva são relutantes em mudar. É confortável continuar a fazer as coisas do modo como sempre fizeram. As pessoas positivas podem ser persuadidas a mudar quando são apresentadas a argumentos lógicos. As pessoas negativas resistem à mudança apenas pelo fato de resistir. Não há argumento que ajude. Elas podem inclusive sabotar uma situação para que possam dizer: "Eu avisei para você."

- Impacto sobre o moral da equipe. Assim como uma maçã podre pode estragar o cesto inteiro, uma pessoa negativa pode destruir o moral de toda a equipe.

Controle as emoções

É fácil ficar impaciente com pessoas negativas. No entanto, não é necessário — mesmo que possível — deixar de demonstrar desagrado quando alguém faz constantes desafios. Em vez de pensar: "Ela e seus velhos truques. Não vou me deixar intimidar", deve-se aprender a pensar: "Ela está manifestando seus sentimentos contra a autoridade. Não tem nada a ver com o problema ou comigo." Ao deixar de levar isso como uma afronta pessoal, é possível lidar com esse tipo de pessoa de maneira lógica e não emocional.

Estabeleça orientações que sejam fáceis de entender

Ao lidar com pessoas negativas, em vez de dar instruções muito específicas, sempre que possível, faça com que os funcionários participem na definição do modo como uma atribuição deve ser desempenhada e dos prazos para a atividade. Dê a eles padrões de desempenho a serem cumpridos, que sejam de fácil compreensão, mas deixe que eles determinem o que fazer para cumpri-los. Isso minimiza a necessidade de lutar por maiores detalhes e questões menores. As pessoas negativas ainda vão se opor a alguma coisa, mas, ao possuírem mais controle sobre o trabalho, não vão ter a necessidade de criar empecilho para tudo.

Ouça o que eles não dizem

As pessoas negativas não hesitarão em dizer ao gerente o que está em sua mente. Entretanto, as verdadeiras questões podem permanecer não ditas. Uma crítica mordaz sobre alguma deduzida brutalidade pode ser um subterfúgio para esconder um medo de que os outros ou, neste caso, seu superior não gostem dela. O negativismo muitas vezes é um pedido de ajuda. Ao filtrar, a partir de suas queixas, as áreas que não são mencionadas, pode-se descobrir a verdadeira razão para a atitude negativa.

Em resposta a tais situações, determine o que pode ser dito ou feito naquele momento para responder à verdadeira situação, assim como à ofensa recebida. Uma resposta que não seja dogmática nem julgadora vai encorajar o funcionário a relevar mais camadas de emoção até o momento em que se sinta compreendido. Depois que isso acontece, a pessoa fica mais propensa a cooperar.

Se sentir que o empregado tem medo de não ser apreciado, após a abordagem ao problema imediato, faça um comentário sobre algumas das coisas boas que ele tem feito e demonstre o quanto o aprecia e o respeita.

Trabalhe na construção de uma relação positiva

As pessoas negativas precisam de constante encorajamento. Um esforço evidente para construir uma relação positiva com elas pode não mudar a personalidade, mas causar um impacto no comportamento dessas pessoas.

Converse com elas. Aprenda o máximo que puder sobre seus interesses, objetivos e outros aspectos de suas vidas. Descubra o que elas querem do emprego que não estão obtendo no momento. Se possível, ofereça treinamento, apoio e orientação (*coaching*) para ajudá-las a superar problemas e alcançar seus objetivos.

Não é necessário tornar-se amigo, mas é importante não ser inimigo. Reserve um tempo para explicar decisões tomadas. Peça que lhe forneçam ideias e sugestões. Converse de modo informal sobre assuntos que não sejam de trabalho, de modo que o vejam como um ser totalmente humano, e não apenas como um chefe ou um representante da gestão.

Com o aprendizado sobre as pessoas negativas e a mudança no modo de pensar a respeito delas, de empregados-problema para seres humanos com problemas, existe a possibilidade de desenvolver uma relação mais leve e mais produtiva.

Administração da disciplina

Uma das tarefas mais desagradáveis dos gerentes é disciplinar os empregados. Quando se ouve a palavra "disciplina", qual é o primeiro sinônimo que vem à mente? A maioria das pessoas diz "punição". A disciplina é sempre encarada como um meio de punir os empregados por violar as normas da empresa ou por não cumprirem os padrões de produção.

> Só há uma maneira [...] de conseguir que alguém faça qualquer coisa. E esta é fazer com que a outra pessoa queira fazer isso.
> DALE CARNEGIE

O sistema tradicional de disciplina começa com uma repreensão e, se ela não funcionar, segue para punições mais graves, que vão desde advertências formais por escrito, suspensão, até, por fim, demissão. Esse sistema se baseia no conceito de que o empregado deve pagar por seu crime. Essa atitude é contraproducente. A punição pode ser vista com ressentimento e hostilidade. Uma nova abordagem, a disciplina afirmativa, foi testada com sucesso em muitas organizações. A disciplina afirmativa é obtida através de uma série de reafirmações de compromisso, em vez do uso de punição.

Veja como ela funciona:

- Comunicação: o empregado adquire conhecimento pleno das normas e diretrizes da empresa durante o processo de orientação. Ele é solicitado a aceitar e se comprometer com tais normas e diretrizes.

- Reforço: após os primeiros meses no emprego, o empregado se encontra com o supervisor, as normas e diretrizes são explicadas novamente e o empregado renova seu compromisso em relação a elas.

- Violações: caso ocorra uma violação, o supervisor dará início a uma conferência com o empregado e revisará o acordo de compromisso dessa pessoa para com as normas e diretrizes da empresa. Solicita-se que o empregado garanta ao supervisor que tanto as normas quanto a natureza de suas obrigações foram compreendidas. Isso é confirmado em um memorando assinado tanto pelo empregado quanto pelo supervisor.

- Segunda violação: se o empregado renegar o compromisso e repetir a infração, realiza-se uma segunda conferência e o compromisso é reforçado.

- Conferência final: se o empregado violar uma norma pequena pela terceira vez, dentro de um período específico, ou uma norma importante pela primeira vez, o supervisor deve perguntar ao empregado se ele realmente quer continuar trabalhando na empresa. Se declarar que deseja continuar, o empregado assina um documento declarando que está ciente da violação e que se compromete a respeitar o compromisso a partir daquele momento.
- Rescisão: se o compromisso não for mantido, o empregado será dispensado.

As empresas que usam essa abordagem relatam que esta é uma maneira eficaz de manter padrões elevados de conduta e o moral dos empregados.

PONTOS IMPORTANTES

Qualidades de gerentes proeminentes

Embora os pontos fortes e as capacidades dos indivíduos possam variar, pesquisas indicam que os gerentes considerados excepcionais enxergam o mundo de maneira semelhante. Veja a seguir as qualidades observadas com mais frequência em gerentes e líderes proeminentes:

1. Possuir valores sólidos e padrões éticos elevados;
2. Liderar pelo exemplo e agir com integridade tanto profissional quanto pessoalmente;
3. Conhecer bem os objetivos da empresa e do departamento e manter-se informado em relação às alterações;

4. Desenvolver uma visão do futuro e ser proativo e automotivado para a obtenção de resultados;
5. Ser um grande comunicador e um ouvinte excepcional;
6. Ganhar confiança, credibilidade e respeito;
7. Ser flexível sob pressão e manter a emoção sob controle;
8. Ter uma atitude correta *versus* atitude adequada. Ser aberto à divergência e à crítica construtiva, à mudança e às novas ideias;
9. Simplificar ideias, conceitos e processos;
10. Cultivar o conceito de equipe e respeitar a diversidade;
11. Reservar um tempo para conhecer as variáveis que estimulam os membros da equipe individualmente e apreciar motivar e ajudar os membros a ter sucesso;
12. Reconhecer e maximizar os pontos fortes nos outros;
13. Dividir também com os outros os méritos dos resultados;
14. Ser eficiente e gerenciar o tempo de forma eficaz;
15. Ser criativo e inovador;
16. Apresentar excelente discernimento na solução de problemas, na tomada de decisões e na resolução de conflitos;
17. Ser comprometido com a aprendizagem e a melhoria contínua;
18. Considerar a disciplina como aprendizado, e não como um processo de punição.

Dez erros comuns cometidos pelos gerentes

1. Contar com o título para ganhar respeito;
2. Contradizer-se ou quebrar a palavra;
3. Levar os assuntos relativos ao trabalho para o lado pessoal;

4. Tratar todos os empregados da mesma forma, em vez de compreender as diversas qualidades e motivar capacidades individuais;
5. Estabelecer metas sem compreender de forma plena os objetivos da empresa e as estratégias;
6. Deixar de planejar e priorizar objetivos do próprio departamento;
7. Não comunicar de forma clara os objetivos e não obter consenso;
8. Continuar a fazer tarefas que devem ser delegadas;
9. Deixar de agir de forma decisiva quando os funcionários não cumprem as normas;
10. Esquecer de demonstrar apreciação e reconhecimento.

APÊNDICE A

Sobre Dale Carnegie

Dale Carnegie foi o pioneiro do que agora é conhecido como o movimento do potencial humano. Seus ensinamentos e sua literatura têm ajudado pessoas do mundo inteiro a tornarem-se indivíduos autoconfiantes, apresentáveis e influentes.

Em 1912, Carnegie deu seu primeiro curso sobre como falar em público em uma YMCA (no Brasil, chamada de ACM — Associação Cristã de Moços) na cidade de Nova York. Assim como na maioria dos cursos sobre como falar em público dados naquela época, Carnegie começou a aula com uma palestra teórica, mas logo percebeu que os membros da classe pareciam entediados e inquietos. Algo precisava ser feito.

Dale parou sua palestra e apontou com calma para um homem na fileira de trás e pediu que ele se levantasse e falasse de improviso sobre sua formação. Quando o aluno terminou, Dale pediu que outro aluno falasse sobre si mesmo, e assim por diante até que todos na classe tivessem feito um pequeno discurso. Com o incentivo dos colegas de classe e a orientação de Carnegie, cada um deles superou o próprio medo e fez discursos satisfatórios.

"Sem saber o que eu estava fazendo", Carnegie relatou mais tarde, "eu me deparei com o melhor método para vencer o medo."

Esse curso tornou-se tão popular que ele foi convidado a aplicá-lo em outras cidades. Com o passar dos anos, ele continuou desenvolvendo o conteúdo do curso. Percebeu que os alunos estavam mais interessados em aumentar sua autoconfiança, melhorar suas relações interpessoais e tornar-se bem-sucedidos em suas carreiras, além de superar o medo e a apreensão. Isso resultou na importância de mudar o foco do curso de "como falar em público" para "como lidar com estas questões". Os discursos se tornaram o meio para uma finalidade, em vez da finalidade em si propriamente.

Além do que aprendeu com os alunos, Carnegie se envolveu em extensas pesquisas sobre a abordagem da vida de homens e mulheres bem-sucedidos. Ele as incorporou em suas aulas. E foi isso que o levou a escrever seu livro mais famoso: *Como fazer amigos e influenciar pessoas*.

Esse livro se tornou um best-seller imediato e, desde sua publicação em 1936 (e sua edição revisada em 1981), foram vendidas mais de 20 milhões de cópias e ele foi traduzido para 36 idiomas. Em 2002, *Como fazer amigos e influenciar pessoas* foi considerado o livro de negócios mais importante do século XX. Em 2008, a revista *Fortune* o classificou como um dos sete livros que todos os líderes deveriam ter em sua estante. Seu livro *Como evitar preocupações e começar a viver*, escrito em 1948, também vendeu milhões de cópias e foi traduzido para 27 idiomas.

Dale Carnegie morreu no dia 1º de novembro de 1955. Um obituário em um jornal de Washington resumiu sua contribuição para a sociedade: "Dale Carnegie não solucionou nenhum dos profundos mistérios do universo. Mas talvez, mais do que ninguém de sua geração, ele tenha ajudado os seres humanos a aprender a conviverem juntos — o que por vezes parece ser a maior necessidade de todos."

Sobre a Dale Carnegie & Associates, Inc.

Fundada em 1912, a Dale Carnegie Training evoluiu a partir da crença de um homem no poder do autoaperfeiçoamento. Com escritórios no mundo inteiro, a empresa baseia seu treinamento no desempenho. Seu foco é dar às pessoas da área de negócios a oportunidade de aprimorar as habilidades e melhorar o desempenho, de modo a construir resultados positivos, estáveis e rentáveis.

A estrutura original de conhecimento de Dale Carnegie tem sido atualizada, expandida e aperfeiçoada constantemente através de experiências de vida reais na área de negócios por quase um século. Os 160 franqueados da Dale Carnegie espalhados pelo mundo usam os serviços de treinamento e consultoria em empresas de todos os tamanhos e de todos os segmentos de negócios para aumentar o conhecimento e o desempenho. O resultado dessa experiência coletiva global é um acúmulo crescente de perspicácia nos negócios na qual nossos clientes confiam para impulsionar os seus resultados empresariais.

Com sede em Hauppauge, Nova York, a Dale Carnegie Training está representada em todos os 50 estados dos Estados Unidos e em mais 75 países. Mais de 2.700 instrutores apresentam os programas da Dale Carnegie Training em mais de 25 idiomas. A Dale Carnegie Training se dedica a prestar serviços à comunidade de negócios no mundo inteiro. De fato, cerca de 7 milhões de pessoas concluíram o programa da Dale Carnegie Training.

A Dale Carnegie Training enfatiza princípios e processos práticos através da concepção de programas que oferecem conhecimento, habilidades e práticas que as pessoas precisam para agregar valor ao negócio. Ao conectar soluções comprovadas com desafios do mundo real, a Dale Carnegie Training é reconhecida internacionalmente como líder na missão de destacar o que possui de melhor.

Dentre os graduados desses programas estão CEOs das grandes corporações, proprietários e gestores de empresas de todos os tamanhos e de todas as atividades comerciais e industriais, líderes do legislativo e do executivo de governos e inúmeros indivíduos cujas vidas foram enriquecidas pela experiência.

Em um levantamento global em curso sobre satisfação do cliente, 99% dos graduados da Dale Carnegie Training expressaram satisfação com o treinamento que receberam.

Sobre o editor

Este livro foi compilado e editado pelo Dr. Arthur R. Pell, consultor da Dale Carnegie & Associates por 22 anos e escolhido pela empresa para editar e atualizar o livro *Como fazer amigos e influenciar pessoas*, de Dale Carnegie. Ele também é autor de *Enriqueça sua vida, o Método Dale Carnegie*, e escreveu e editou *O lado humano*, uma coluna mensal da Dale Carnegie que foi publicada em 150 revistas profissionais e de negócios.

Ele é autor de mais de cinquenta livros e centenas de artigos sobre gerenciamento, relações humanas e autoaperfeiçoamento. Além de sua própria obra em livros, textos e artigos, Dr. Pell editou e atualizou obras clássicas no campo do potencial humano, tais como *Pense e enriqueça*, de Napoleon Hill, *O poder do subconsciente*, de Joseph Murphy, *O homem e aquilo que ele pensa*, de James Allen, *O bom senso*, de Yoritomo Tashi, e obras de Orison Swett Marden, Julia Seton e Wallace D. Wattles.

APÊNDICE B
───────────

Os princípios de Dale Carnegie

Torne-se uma pessoa mais amigável

1. Não critique, não condene, não se queixe.
2. Aprecie honesta e sinceramente.
3. Desperte um forte desejo nos demais.
4. Torne-se verdadeiramente interessado na outra pessoa.
5. Sorria.
6. Lembre-se de que o nome de uma pessoa é para ela o som mais doce em qualquer idioma.
7. Seja um bom ouvinte. Incentive os outros a falarem sobre si mesmos.
8. Fale de coisas que interessem à outra pessoa.
9. Faça a outra pessoa sentir-se importante e faça isso com sinceridade.
10. A única maneira de ganhar uma discussão é evitando-a.
11. Respeite a opinião dos outros. Nunca diga a uma pessoa que ela está errada.

12. Se você estiver errado, reconheça o seu erro rápida e energicamente.
13. Comece de uma maneira amigável.
14. Leve a outra pessoa a dizer "sim" imediatamente.
15. Deixe a outra pessoa falar a maior parte da conversa.
16. Deixe que a outra pessoa sinta que a ideia é dela.
17. Procure honestamente ver as questões do ponto de vista da outra pessoa.
18. Seja receptivo às ideias e anseios da outra pessoa.
19. Apele para os motivos mais nobres.
20. Dramatize as suas ideias.
21. Lance um desafio.
22. Comece com um elogio e uma apreciação sincera.
23. Chame a atenção para os erros das pessoas de forma indireta.
24. Fale sobre os próprios erros antes de criticar os da outra pessoa.
25. Faça perguntas em vez de dar ordens diretas.
26. Permita que a outra pessoa corrija os próprios erros.
27. Elogie o menor progresso e elogie cada progresso. Seja "sincero na sua apreciação e generoso no seu elogio".
28. Proporcione à outra pessoa uma boa reputação para ela zelar.
29. Empregue o incentivo. Faça com que o erro pareça fácil de ser corrigido.
30. Faça com que a outra pessoa se sinta feliz realizando o que você sugere.

Princípios fundamentais para superar preocupações

1. Viva "um dia de cada vez".
2. Como enfrentar um problema:

    a. Pergunte a si mesmo: "O que pode acontecer de pior?"
    b. Prepare-se para aceitar o pior.
    c. Procure melhorar o pior.

3. Lembre-se do preço exorbitante que você pode ter que pagar para sua saúde por causa das preocupações.

Técnicas básicas para analisar as preocupações

1. Reúna todos os fatos.
2. Pondere os fatos e, depois, tome uma decisão.
3. Uma vez tomada a decisão, entre em ação!
4. Anote por escrito e responda às seguintes perguntas:

    a. Qual é o problema?
    b. Quais são as causas do problema?
    c. Quais são as possíveis soluções?
    d. Qual é a melhor solução possível?

Acabe com o hábito de se preocupar antes que ele acabe com você

1. Mantenha-se ocupado.
2. Não se aflija com ninharias.

3. Use a lei das probabilidades para banir suas preocupações.
4. Coopere com o inevitável.
5. Decida apenas o quanto pode valer a pena algo em termos de ansiedade e recuse-se a dar mais.
6. Não se preocupe com o passado.

Cultive uma atitude mental que lhe proporcione paz e felicidade

1. Preencha a sua mente com pensamentos de paz, coragem, saúde e esperança.
2. Nunca tente se vingar de seus inimigos.
3. Espere a ingratidão.
4. Conte suas bênçãos e não seus problemas.
5. Não imite as outras pessoas.
6. Tente tirar proveito das suas perdas.
7. Crie felicidade para os outros.

Este livro foi composto na tipografia
Minion, em corpo 11/15,9, e impresso em
papel off-white no Sistema Digital Instant Duplex
da Divisão Gráfica da Distribuidora Record.